歴史総合

歴史総合
要点チェック
編集委員会 編

要点チェック

山川出版社

はじめに

　本書は、歴史総合の学習において思考・判断・表現などのベースとなる、歴史の知識を確認する問題集です。

　山川出版社発行の教科書『歴史総合　近代から現代へ』(歴総707) に沿った構成で、教科書の本文を要約した短文に空欄を設けていますので、要約文を読んで流れを確認し、空欄を埋めて用語を確認しましょう。

　予習として取り組めば、授業での理解が高まります。また、復習として基本的な知識の確認にもご活用ください。

> 教科書を要約した短文で構成

> 重要な用語は空欄になっています

> 要約文を読んで確認したらチェック

◆第Ⅱ部　国際秩序の変化や大衆化と私たち

第5章　第一次世界大戦と大衆社会

第5章　1　第一次世界大戦とロシア革命

【バルカン半島での対立】

□1. 20世紀初頭、列強の二極分化が進み、協商国と同盟国の対立が深まった。対立の焦点となったバルカン半島は「(①　　　　　　)」と呼ばれた。

□2. 1912年、セルビアやブルガリアなどの諸国は、ロシアの働きかけで(②　　　　　　)をつくり、(③　　　　　　)と戦って、翌13年勝利した(第1次バルカン戦争)。しかし同年、同盟諸国間での戦争(第2次バルカン戦争)が生じると、敗北したブルガリアはドイツ・オーストリアに接近した。

【第一次世界大戦の開戦】

□3. 1914年6月、(④　　　　　　)でオーストリアの帝位継承者夫妻がセルビア人に暗殺されたのをきっかけにオーストリアがセルビアに宣戦を布告し、ドイツがロシアに宣戦を布告した。フランスやイギリスもつぎつぎと参戦し、(⑤　　　　　　)となった。

□4. 西部戦線では塹壕戦となり、膠着状態を打破するために、毒ガス・戦車・飛行機といった新兵器が開発・投入された。東部戦線では(⑥　　　　)軍はロシア領ポーランドに侵入したが、決定的な打撃を与えられなかった。

□5. 戦争は同盟国側と協商国(連合国)側にわかれて戦われた。オスマン帝国も同盟国側に加わった。オーストリアと対立する(⑦　　　　　　)は三国同盟にもかかわらず当初は中立であったが、1915年に連合国側で参戦した。同年にはブルガリアが同盟国側に加わった。

【総力戦】

□6. 第一次世界大戦は、第2次(⑧　　　　　　)によって発達した各国の産業力が発揮されたことで、長期戦となった。そして、政府が経済活動を統制し、挙国一致体制がしかれ、日常生活を大きく巻き込む(⑨　　　　)となった。

【日本の参戦】

□7. 第一次世界大戦が始まると、日本は(⑩　　　)での権益をさらに確実にするため参戦し、ドイツ領南洋諸島を占領し、山東省(⑪　　　　)のドイツ軍を破りドイツの東アジアにおける拠点を奪った。

【二十一カ条の要求】

□8. 1915年、日本政府は中華民国の袁世凱政権に対して(⑫　　　　　　)を突きつけ、軍事的圧力を背景に要求の大部分を認めさせた。要求は山東省のドイツ権益の継承、関東州の租借期限の99カ年延長、(⑬　　　　　　)の日中共同経営などが含まれていた。

【戦時外交とアメリカ合衆国の参戦】

□9. 第一次世界大戦中、秘密外交が繰り広げられた。イギリス・フランス・ロシアは、(⑭　　　　　　)でオスマン帝国領のアラブ地域の分割を取り決めた。一方イギリスは、(⑮　　　　　　)でオスマン帝国支配下のアラブ人に独立国家建設を約束し、(⑯　　　　　　)でパレスチナにユダヤ人の「民族的な郷土」建設を認めた。3つの取決めは矛盾するものであった。

①
②
③
④
⑤
⑥
⑦
⑧
⑨
⑩
⑪
⑫
⑬
⑭
⑮
⑯

> 書きやすい解答欄

目　次

歴史総合 要点チェック

第1章　結びつく世界

アジア諸地域の繁栄と日本

【西・南アジアのイスラーム帝国】

□ **1.** 16世紀以降の西アジア・南アジアでは、（①＿＿＿＿＿）・（②＿＿＿＿＿）・（③＿＿＿＿＿）という3つのイスラーム帝国が並立して繁栄した。これらの帝国は多数の民族を統合し、国内外の流通も盛んで、国際性が豊かであった。

□ **2.** 1453年にビザンツ帝国を滅ぼした（①）は、16世紀半ばの（④＿＿＿＿＿）の時に最盛期を迎え、イスラーム法にもとづく政治をおこなったが、1683年の（⑤＿＿＿＿＿）包囲の失敗で領土は縮小に転じた。

□ **3.** オスマン帝国ではキリスト教徒やユダヤ教徒の共同体には自治を認め、フランスなどのヨーロッパ人には、領内での居住と通商の自由を公認した（＝⑥＿＿＿＿＿）。

□ **4.** イランでは16世紀後半にイスラーム教の（⑦＿＿＿＿＿）派を国教とするサファヴィー朝が最盛期を迎えた。首都の（⑧＿＿＿＿＿）は「世界の半分」と呼ばれるほど繁栄した。

□ **5.** サファヴィー朝ののち、イランにはナーディル＝シャーがアフシャール朝を建国し、さらにテヘランを首都とした（⑨＿＿＿＿＿）朝がおこった。

□ **6.** 15世紀以降、インドにはポルトガルやオランダ・イギリス・フランスなどが進出し、各地に拠点を築いて貿易をおこない、とくにインドの（⑩＿＿＿＿＿）は東南アジアやヨーロッパに輸出された。

□ **7.** インドで16世紀に成立したムガル帝国は、第3代皇帝（⑪＿＿＿＿＿）が中央集権的な統治機構を整備し、非ムスリムに課せられていた（⑫＿＿＿＿＿）を廃止してヒンドゥー教徒との融和をはかった。17世紀後半、（⑬＿＿＿＿＿）の時代にムガル帝国は最大の版図となった。

【東南アジア】

□ **8.** 東南アジアには16世紀以降、ヨーロッパの勢力が進出し、東アジアからインド洋にかけての海域でおこなわれた（⑭＿＿＿＿＿）の中継地として栄えた。

□ **9.** オランダ東インド会社は、マルク（モルッカ）諸島の（⑮＿＿＿＿＿）を独占的に入手した。また、スペインが拠点をおいたマニラ経由で、ラテンアメリカ（中南米）で産出された（⑯＿＿）の一部が中国に流入した。

【明の朝貢体制と東アジア】

□ **10.** 14世紀半ば、元を北方に駆逐した明は、朝鮮王朝や日本・琉球王国などと（⑰＿＿）関係を結んだ。さらに（⑱＿＿）の率いる大艦隊を東南アジア・インド洋に派遣して、この方面の諸国にも（⑰）をうながした。

□ **11.** （⑰）を通じて明から与えられる銅銭や生糸・絹織物などは、周辺国の経済を活性化させたが、明は対外交易を（⑰）貿易に限ったため、民間の自由な貿易は阻害された。

【16〜17世紀の東アジア】

□ **12.** 16世紀になると「大航海時代」の世界的な商業の活発化が東アジアの朝貢体

①
②
③
④
⑤
⑥
⑦
⑧
⑨
⑩
⑪
⑫
⑬
⑭
⑮
⑯
⑰
⑱

制を動揺させ、「(⑲＿＿＿＿)」と呼ばれる商人集団が密貿易や略奪行為をおこなった。

□13. 明は、16世紀半ばに民間による海上貿易の禁止を緩和したが、中国の商人による日本との直接の貿易は許されなかったため、(⑳＿＿＿＿＿)が日中間の貿易の担い手となり、大きな利益をあげた。

□14. 16世紀以降、貿易の利益や鉄砲など新しい軍事技術の導入によって、中国周辺では強力な軍事政権が登場した。日本では、織田信長・(㉑＿＿＿＿)の政権を経て江戸幕府が成立し、中国東北部では女真人(満洲人)の政権が成長した。

□15. 日本の統一後、(㉑)は大陸への進出をめざし、朝鮮侵略(＝㉒＿＿＿＿＿)をおこなった。中国東北部では17世紀初めに満洲人が新たな王朝(後金、ついで清と改称)を建て、1644年には、清が中国本土を占領した。

【清の政治と経済】

□16. 清の前半には、康熙帝をはじめとして有能な皇帝が続いた。中国本土では、中央集権的な官僚制度や、官僚を儒学の試験で登用する(㉓＿＿＿)など、従来の漢人王朝の制度が継承されたが、漢人の男性に(㉔＿＿＿)を強制するなど、きびしい政策もとられた。

□17. 清の経済は自由放任的で、中国には茶や生糸の対価として銀が流入した。18世紀半ば、治安上の理由からヨーロッパ船の来航を(㉕＿＿＿)1港に限定した。

□18. 「大航海時代」にアメリカ大陸から伝来した(㉖＿＿＿＿＿)や(㉗＿＿＿＿＿)などの新作物は、山地の開墾をうながし、急速な清の人口増を支えた。しかし、開墾による環境破壊と自然災害の増加は社会不安を生み出し、18世紀末には(㉘＿＿＿＿＿)がおこった。

【幕藩体制下の日本】

□19. 日本では、豊臣秀吉の死後に(㉙＿＿＿＿)が征夷大将軍に任じられ、江戸幕府を開いた。江戸幕府が、各地の大名家(藩)を従える統治体制を(㉚＿＿＿)と呼ぶ。大名は領地の支配を認められたかわりに、将軍に対して普請(土木工事)などを含む軍役をつとめた。

□20. 徳川家康は、対馬の(㉛＿＿＿)を通して朝鮮と文禄・慶長の役の講和を実現し、対馬藩に朝鮮との通交・貿易の独占を認めた。

□21. 2代将軍秀忠や3代将軍家光はキリスト教の禁止を強化しつつ大名の統制を強めた。1635年には諸大名に(㉜＿＿＿＿)を義務づけた。

□22. 江戸幕府はポルトガル船の来航を禁止し、オランダ商館を(㉝＿＿＿)の出島へ移した。以後、(㉝)にはオランダと中国の商船のみが来航した。

□23. 幕府はキリスト教を厳禁し、(㉞＿＿＿＿)を制度化して、すべての人が仏教寺院の檀家となることを義務づけた。

【江戸時代の経済】

□24. 江戸時代には長崎のほか対馬・琉球を通じて貿易がおこなわれ、中国産の生糸・絹織物、東南アジア産の砂糖、朝鮮の人参などが輸入された。輸出品は初めはおもに銀で、やがて銅とされ、のちに(㉟＿＿＿)となっていった。

⑲	
⑳	
㉑	
㉒	
㉓	
㉔	
㉕	
㉖	
㉗	
㉘	
㉙	
㉚	
㉛	
㉜	
㉝	
㉞	
㉟	

□**25.** 幕藩体制のもと日本の人口は急増し、江戸・京都・大坂は（㊱_____）と呼ばれて幕府が直轄して支配した。

□**26.** 大坂近郊には綿花（木綿）・（㊲_____）の栽培とそれに関連した加工業が発達した。綿花は衣類に、（㊲）の油は灯火や食用に用いられ、衣食住の水準を向上させた。木綿につづいて18世紀以降、生糸や砂糖・人参もしだいに国産化された。

□**27.** 諸大名は大坂や江戸に（㊳_____）をおき、年貢米や特産物を領国から送って売却し、幕府が鋳造させた金属貨幣を獲得して、江戸屋敷などでの支出をまかなった。

□**28.** 発達する商品経済のなかで幕府や藩は財政難におちいり、民衆のあいだには貧富の格差が広がって、（㊴_____）や騒動が頻発するようになった。

【琉球とアイヌ】

□**29.** 明に朝貢していた（㊵_____）は、1609年、徳川家康の許可を受けた薩摩の島津氏に攻められて支配下におかれ、薩摩藩に貢納をする一方、中国への朝貢貿易も継続された。

□**30.** 蝦夷ヶ島と呼ばれた北海道では、1604年に松前氏が徳川家康から蝦夷ヶ島の支配権を保証された。その実質は（㊶_____）との交易独占権であり、松前氏は家臣に交易権を知行として与えた。

㊱	
㊲	
㊳	
㊴	
㊵	
㊶	

【近代の前提】

□1. 1500年頃、世界の諸地域は、基本的には地域ごとに完結した存在であった
　　が、その後18世紀初めまでには、アメリカ大陸産の(①　　　　)が中国に大量にも
　　ち込まれるなど、西ヨーロッパの諸国により「世界の一体化」が進められた。

□2. 「世界の一体化」が進むなか、東西ヨーロッパの国々では中央政府に権力が
　　集中するようになって、本格的な首都が成立した。さらに、思想面では(②
　　　　　　　)がおこった一方で、自然科学が発達した。

【主権国家体制の形成】

□3. 16世紀から17世紀の世界では、明や清・オスマン帝国・サファヴィー朝・
　　ムガル帝国などの大国がアジアで栄えていた。その一方、ヨーロッパでは(③
　　　　　　　　　　　　)の力が弱まり、イギリスやフランス・スペイン・オランダを
　　はじめとする中規模の国々が台頭した。

□4. ヨーロッパで台頭してきた国の多くは君主国で、国内では君主が(④
　　　　　　)を進め、ほかの国々と形式上は対等な立場で外交関係を結んだ。こうし
　　たヨーロッパの国家構造と国際秩序を(⑤　　　　　　　)という。なお、この
　　時期の主権国家は19世紀以降の国民国家とは異なり、主権者は君主であっ
　　た。

□5. ドイツ(神聖ローマ帝国)では、16世紀の宗教改革と17世紀の長期にわたる
　　戦争の結果、皇帝の権力が弱まり、帝国内の(⑥　　　　　)がそれぞれ独自に
　　発展した。

□6. フランスでは(⑦　　　　　)の時代に、君主が国内の貴族の力をおさえつつ、
　　全国議会も開かずに権力を自身に集中して統治する体制が築かれた。

□7. イギリスでは、17世紀半ばの(⑧　　　　　　　)で一時的に共和政に移
　　行した。その後、君主政に戻ったが、1688〜89年に(⑨　　　　　)がおこる
　　と、権利の章典が定められ、世界初の(⑩　　　　　　)が始まり、さらに、議
　　会の権力が増すと、(⑪　　　　　　)が成立した。

□8. オランダやヴェネツィア・ジェノヴァは、貴族が中心となって国をおさめ
　　る(⑫　　　　)をとった。

□9. ロシアは、17〜18世紀にオスマン帝国と戦って領土を黒海沿岸に広げ、ま
　　たバルト海にも進出し、東方でもシベリアを経て極東に到達し、(⑬　　)と通
　　商を開いた。

【宗教改革と科学革命】

□10. 西ヨーロッパにおける宗教改革では、現世の利益を追求しがちだったカト
　　リック教会への抗議の動きとして(⑭　　　　　　　)諸派が登場した一方で、
　　カトリックの側でも改革の動きがおこった。

□11. カトリックの教えでは、人が神に救われるためには(⑮　　　　)による導き
　　と、個人の善行が必要とされたが、(⑭)諸派は、真の信仰は信徒がみずから
　　聖書を読んで得るものとした。

□12. 宗教改革でプロテスタントとカトリックのあいだで対立や内戦が生じた一

①
②
③
④
⑤
⑥
⑦
⑧
⑨
⑩
⑪
⑫
⑬
⑭
⑮

方、キリスト教がヨーロッパの外部に伝えられた。とくにカトリックの改革で誕生した(⑯_____)は、「大航海時代」のヨーロッパの海外進出と連携して、中南米(ラテンアメリカ)やアジア諸地域にも布教した。

□13. 17世紀のヨーロッパで花開いた自然科学は、後世に多大な影響を与えることになった。そうした一連の変化を(⑰_____)と呼ぶ。

【ヨーロッパ人の海外進出】

□14. 14世紀頃の地中海では商業が活発になっており、アジア産の香辛料が重宝されたが、15世紀に(⑱_____)が東地中海を勢力下において、高い税を課したため、新たな貿易路の開拓が求められた。

□15. (⑲_____)の『世界の記述』(『東方見聞録』)以来、どこかにあると信じられてきた「黄金の国」もヨーロッパ人の想像をかきたてた。

□16. 15世紀から16世紀にかけてのヨーロッパの人々は、富と信仰を動機に大西洋に活動の場を広げて「大航海時代」を切りひらき、その結果「(⑳_____)」も始まった。まず、ポルトガル・スペインが中心となり、これにイギリス・フランス・オランダが続いた。

□17. 現在のメキシコ以南の地域では、(㉑_____)が先住民の文明を征服して財宝を略奪したあと、銀山を開発して採掘した銀をヨーロッパに輸出した。さらに大陸およびカリブ海諸島に入植して大規模農園(=㉒_____)を開き、サトウキビやコーヒーの大規模生産を始めた。

□18. アメリカで、ヨーロッパ人から感染した(㉓_____)や過酷な労働で先住民の人口が激減して労働力が不足すると、西アフリカから大勢の黒人が(㉔_____)として送り込まれた。

□19. (㉕_____)やサツマイモ・トウガラシ・インゲン豆・トマト・ピーナッツ・トウモロコシ・タバコ・カボチャ・カカオなど、中南米から新たにもたらされた農作物が、ヨーロッパ社会に長期的に大きな影響をおよぼした。

□20. アメリカ大陸の銀はヨーロッパの経済を活発化させ、大量に供給された(㉖_____)がヨーロッパの食生活をかえた。また、ヨーロッパ産品にとって「新世界」の植民地が重要な(㉗_____)となる関係も始まり、経済的に一体化しつつあった世界の一角に、1つのまとまりをなす「大西洋世界」が出現した。

□21. ヨーロッパ人のアジア進出の基本的な性格は、領域的な植民地支配ではなく貿易拠点の確保であった。インド洋では(㉘_____)に取ってかわり、日明貿易に参加したポルトガル人のように、既存の貿易網に参入した。

□22. ヨーロッパ人は、アジアから香辛料のほか、(㉙___)・(㉚_____)・綿織物・絹などの物産を大量にもち帰ったが、かわりとなる有力な商品をもたなかったため、その支払いには新大陸の銀が当てられた。

⑯
⑰
⑱
⑲
⑳
㉑
㉒
㉓
㉔
㉕
㉖
㉗
㉘
㉙
㉚

第2章　近代ヨーロッパ・アメリカ世界の成立

第2章 1　ヨーロッパ経済の動向と産業革命

【ヨーロッパ経済の動向】

□1．「（①　　　　　）」以降、「大西洋世界」が形成され、アジア貿易も始まったことで、ヨーロッパの海外交易には大きな変化が生じた。

□2．ヨーロッパでは、地中海貿易圏の比重がしだいに下がり、海軍力にすぐれた北西ヨーロッパのオランダと（②　　　　　）が台頭し、北東ヨーロッパ地域が北西ヨーロッパへの穀物供給地へと変化した。

□3．南北アメリカやアジアとの貿易において、ヨーロッパの各国は（③　　　　　）の政策をとった。貿易特許をもつ会社を設立して保護し、外国産品の輸入に高い関税をかけ、他国の船を貿易から排除するなど、排他的な経済圏を成立させようとした。

□4．（③）のもと、17〜18世紀のヨーロッパ海外交易は際立った成長をみせたが、（④　　　　　）がおこると、19世紀には工業がヨーロッパ経済の主役となっていった。

【産業革命の前提とイギリスの特殊性】

□5．「大航海時代」にインド航路が開けると、17世紀のイギリスでインド産（⑤　　　　　）が人気商品となり、従来の主要工業であった毛織物業が打撃を受けた。一方、原料の綿花をインドから輸入して国内で綿織物をつくろうとする動きが生まれた。

□6．イギリスは広大な海外市場も獲得した。武器や綿織物など本国の工業製品をアフリカ西部に輸出し、そこで（⑥　　　　）を買ってカリブ海や北アメリカ大陸南部のプランテーションに送りこみ、砂糖やタバコなどプランテーションの産品を本国やヨーロッパ諸国にもち込むかたちの（⑦　　　　　）をおこなった。

□7．イギリスでは、国内外で綿織物の需要が高まったことに加えて、科学革命に裏打ちされた機械工学の伝統のもと、豊富な鉄鉱石と（⑧　　　　）にもめぐまれ、18世紀後半に種々の技術革新が生まれた。

【産業革命と社会の変化】

□8．炭坑で用いられていた（⑨　　　　　）が製造業に転用されたことで、化石エネルギーを動力とする経済活動が本格的に始まった。工場で生産された安価な製品が手工業製品を圧倒した。

□9．産業革命は（⑩　　　　）で始まり、ほかの産業にも波及していった。繊維産業では、女性や子どもが低賃金で雇われた。

□10．産業革命により、資本をもつ経営者（＝⑪　　　　）が、賃金（⑫　　　　　）を工場で雇用しつつ、利益の拡大をめざして競争しながら自由に生産・販売するようになり、家庭と職場が分離した。

【産業革命の世界的影響】

□11．安価で均質なイギリスの綿製品が輸出されるようになると、インドやオスマン帝国の手織りの綿工業は大きな打撃を受けた。一方、インドやアメリカ合衆国南部はイギリス綿工業のための原料である（⑬　　　　）の供給地となった。

①
②
③
④
⑤
⑥
⑦
⑧
⑨
⑩
⑪
⑫
⑬

□**12.** 産業革命によりイギリスが「(⑭   )」と呼ばれる一方、西ヨーロッパ諸国とアメリカ合衆国北部では、イギリスへの経済的な従属を避けるために、政府が新たな関税をかけつつ、自国の産業革命を奨励し、19世紀前半には(⑮   )に成功した。

□**13.** (⑮)に成功した国々では、消費者は大量生産の恩恵を受けたが、資本家と工場労働者とのあいだの経済格差の問題が発生した。また、工業の盛んな都市では、劣悪な住宅環境や(⑯   )などの問題も生まれた。

□**14.** 16世紀からの(⑰   )に加え、工業化によって機械製作技術が向上した結果、ヨーロッパおよびアメリカは、アジアやアフリカに対して軍事的に圧倒的優位に立った。

【交通手段・通信手段の革新】

□**15.** 蒸気機関は、19世紀初めのアメリカで蒸気(⑱   )に転用され、つづいて1825年にイギリスで蒸気(⑲   )が運行を開始すると、19世紀半ばにはヨーロッパおよび北アメリカ大陸・インド・中国・日本にも輸出され、さらにロンドンでは(⑳   )も開通した。

□**16.** 19世紀半ばになると電気を利用した通信である(㉑   )が実用化されて、(㉒   )横断海底電信網とアメリカ合衆国での大陸横断電信網が完成した。

□**17.** 一連の交通技術の発達(=㉓   )と通信技術の発達(=㉔   )は、原料や商品の高速・大量輸送や情報伝達の迅速化を可能とし、「世界の一体化」をいっそう進めた。

⑭	
⑮	
⑯	
⑰	
⑱	
⑲	
⑳	
㉑	
㉒	
㉓	
㉔	

アメリカ独立革命とフランス革命

【イギリスの台頭】

□ 1．イギリスは、（①　　　　　　　）（1756〜63年）でフランスとその同盟国に勝利し、北アメリカ大陸やインドで領土を拡大して、広大な帝国を築いた。

□ 2．イギリスは中国から（②　　）を輸入して一部を北アメリカ大陸に再輸出した。産業革命以降は、インドに綿工業製品を輸出し、インドで栽培させた（③　　　　）を中国に輸出するルートを加えて、アジア地域を「世界の一体化」のうちに本格的に組み込んだ。

【北アメリカ大陸のヨーロッパ植民地】

□ 3．「大航海時代」以降、現在のアメリカ合衆国およびカナダ地域では、イギリス・（④　　　　　）・オランダが競って植民地を築き、その後オランダが脱落した。（④）領は七年戦争後、イギリス領に編入された。

□ 4．イギリスの北アメリカ植民地は、北東部では林業・漁業に加えて海運業が発達し、南東部では黒人奴隷を用いた（⑤　　　　　　　　）でタバコや米が栽培された。七年戦争後には本国の約3分の1の経済規模をもつまでに成長した。

【アメリカ独立革命】

□ 5．イギリスが、七年戦争後の財政赤字に対応するために北アメリカ植民地に直接に課税すると（＝⑥　　　　）、植民地は本国議会に議員を送っていなかったため、「代表なくして課税なし」とのスローガンを掲げて抵抗し、課税を撤回させた。

□ 6．イギリス本国が中国茶の販売権を東インド会社に独占させたことに反発して、北アメリカ植民地で（⑦　　　　　　　　）がおこると、本国政府は港を軍事封鎖する強硬姿勢に出た。植民地側は（⑧　　　　　）を設置して抗議した。

□ 7．1775年に戦闘が始まると、植民地側は連合軍を組織して（⑨　　　　　　　）を総司令官に任じ、翌76年に（⑩　　　　　）を発した。

□ 8．アメリカの独立戦争は、フランスやスペイン・オランダからの援軍などもあって、植民地側が勝利して1783年に（⑪　　　　　　　）として独立が承認された。

□ 9．独立宣言は、すべての人間が神によって平等につくられ、生命、自由、（⑫　　　　　）などのゆずることのできない権利をもつとした。

□ 10．アメリカ合衆国は独立宣言の理念にもとづいて憲法を制定し、世界ではじめての大統領制国家となった。また、立法・行政・司法の（⑬　　　　）と、各州の権力と中央政府の権力が分立する（⑭　　　　）を樹立した。

【フランス革命】

□ 11．フランスはアメリカ独立戦争で植民地側を支援し、戦費として巨額の財政赤字を抱えたため、フランス国王（⑮　　　　　）は、聖職者や貴族などにも課税しようとしたが、抵抗された。

□ 12．（⑮）は、全国議会（＝⑯　　　　）を約170年ぶりに開催して事態の打開をはかったが、1789年に（⑯）が開催されるとブルジョアジー出身の議員がみず

①
②
③
④
⑤
⑥
⑦
⑧
⑨
⑩
⑪
⑫
⑬
⑭
⑮
⑯

からを真の国民の代表であると宣言し、独自の議会を設置した。

□**13.** 国王はブルジョアジーの議会を鎮圧しようとしたが、民衆蜂起(=⑰＿＿＿＿＿＿＿＿＿＿＿＿＿＿＿＿)がおこったため、新議会を承認した。新議会は(⑱＿＿＿＿＿＿＿＿)を発し、国民主権、人間の自由、法や権利における平等、私有財産の不可侵などの理想を掲げた。

□**14.** フランス革命は、革命の波及を恐れた周辺諸国との戦争と同時に進行したため、当初もっていた(⑲＿＿＿＿＿＿＿＿＿)的な性格は失われ、フランス国家の利益が追求されるようになった。

□**15.** 革命政府は、ルイ16世を廃位して(⑳＿＿＿＿＿＿＿)を始め、(㉑＿＿＿＿＿＿)を導入して軍事力を強化した。また、政府の施策に反対の姿勢をみせる者を弾圧・処刑して(㉒＿＿＿＿＿＿)をおこなった。

□**16.** フランスの政治が安定しないなか、(㉓＿＿＿＿＿＿＿＿＿＿＿＿＿＿)はクーデタで新政府を樹立し、新憲法を定めて革命の終結を宣言し、実質的な独裁権力を握った。

□**17.** (㉓)は、1804年には国民投票で皇帝(ナポレオン1世)として即位し、フランスは(㉔＿＿＿＿＿＿)に移行した。また同年に(㉕＿＿＿＿＿)を公布し、人権宣言で理想として掲げられた原則を法で現実化した。

【ナポレオンのヨーロッパ支配】

□**18.** ナポレオンは、ヨーロッパ大陸で覇権を獲得したが、イギリスに海戦で敗れたため、大陸諸国にイギリスとの貿易を禁じる(㉖＿＿＿＿＿＿＿＿)を出した。しかし、イギリスはヨーロッパ外部に広大な市場をもっていたため効果は小さかった。

□**19.** ロシアが(㉖)を無視したため、1812年にナポレオンは大軍を率いてロシアに遠征し、大敗した。ナポレオンは1814年に退位し、翌年再び皇帝の座につくが、諸国の同盟軍に(㉗＿＿＿＿＿＿＿＿＿＿)で敗れ、流刑となって死去した。

⑰
⑱
⑲
⑳
㉑
㉒
㉓
㉔
㉕
㉖
㉗

【ウィーン体制の成立】

□1. ナポレオン後のヨーロッパ国際秩序(=①＿＿＿＿＿＿)は、1814～15年にウィーンで開かれた講和会議(=②＿＿＿＿＿)によって決定された。

□2. (①)では、多くの国で旧王朝が復活したが、神聖ローマ帝国は再建されず、ナポレオン支配期の変化も部分的に追認された。また、革命運動を共同で鎮圧(あっ)する同盟が結ばれるなど、対内的には保守的な性格が強かった。

【自由主義】

□3. フランス革命の理想に共鳴したブルジョアジーや知識人によって、君主の権力を(③＿＿)で制限し、議会を開設して政治参加を実現しようとする(④＿＿＿＿＿)の運動が、各国で高揚した。

□4. 1830年にフランスでおこった(⑤＿＿＿＿)で、国民主権の原則のもとでの立憲君主政が確立された。また、ドイツ西部の諸国やベルギーでも革命がおこり、立憲君主政に移行した。

□5. 自由主義は、家柄(いえがら)や身分にもとづく特権の廃止をとなえたが、同時に能力と財産をもつ者(市民)の優位も認めており、すべての成人(男性)に政治参加の権利を与えようとする(⑥＿＿＿＿)とは区別された。

【ナショナリズム】

□6. フランス革命期やナポレオン支配期に、権利および法における平等の理想が諸国に広められた結果、均質な人々を主役とする社会を築こうとする動き(=⑦＿＿＿＿)が始まり、一律な初等教育も登場した。

□7. また、同じ言語や文化をもつ人々が国境による分断を乗り越えて1つにまとまろうとする意識(=⑧＿＿＿＿)も高まった。

□8. 国民主義・民族主義の2つを(⑨＿＿＿＿＿)と呼び、その原理のもとに形成される国家を(⑩＿＿＿＿)と呼ぶ。そこでは、個々の国民は一定の政治参加権をもつことと引きかえに国家の命令に服すべき存在となった。

□9. ウィーン体制下において、(⑨)はオスマン帝国からの(⑪＿＿＿＿＿)などとして現れた。ギリシアやベルギーの独立が実現する一方で、ポーランドやアイルランド、北イタリア諸国の独立運動は失敗した。

【1848年革命とウィーン体制の崩壊】

□10. 自由主義・ナショナリズム・民衆の要求が一挙に噴出して、イタリア、フランス、プロイセンやオーストリアなどで1848年革命がおこり、「(⑫＿＿＿＿)」と呼ばれる状況が生じた。こうしてウィーン体制は崩壊した。

□11. ドイツ諸国の革命では、連邦方式による統一ドイツ国家の建設も試みられ、自由主義者を中心に(⑬＿＿＿＿＿＿)が設置されたが、オーストリアの圧力によって挫折(ざせつ)した。

□12. 1848年革命のうちフランスの(⑭＿＿＿＿)では、パリの民衆の蜂起(ほうき)を受けて立憲君主政が倒れ、(⑮＿＿＿＿＿)が樹立されて、史上はじめて国政における(⑯＿＿＿＿)選挙が制度化され、国民国家の形成に成功した。

□13. フランスの第二共和政で大統領に選ばれたルイ＝ナポレオンは、1852年に

①
②
③
④
⑤
⑥
⑦
⑧
⑨
⑩
⑪
⑫
⑬
⑭
⑮
⑯

国民投票によって皇帝に即位して(⑰_____)となり、第二帝政を開始した。

□**14.** イギリスは、革命ではなく改革によって政治・社会問題に対応した。議会を改革して選挙権を拡大する一方、輸入関税や重商主義的な規制を撤廃して(⑱_____)に移行し、工業製品の輸出を進めた。

【資本主義と社会主義】

□**15.** 19世紀前半のヨーロッパ各国では、工業化で生じた(⑲_____)と労働者とのあいだの格差が問題となり、労働者は組合をつくって雇用や賃金を守ろうとした。

□**16.** 当時の経済体制は(⑳_____)と呼ばれ、その害悪を是正するための対抗理論は、総じて(㉑_____)と呼ばれた。

□**17.** (㉒_____)とエンゲルスは、私的所有権の一部を制限して土地や工場・銀行などを公有化するための社会革命が必要であるとして、『(㉓_____)』(1848年)を公刊した。

⑰
⑱
⑲
⑳
㉑
㉒
㉓

【クリミア戦争】

□1. 1853年、ロシアは、黒海・バルカン半島への進出をめざす南下政策のもと、オスマン帝国と開戦した（＝①＿＿＿＿＿＿）が、蒸気機関を備えた軍艦を主力とするイギリス・フランスがオスマン帝国側についたため大敗し、1856年の（②＿＿＿＿＿）で、黒海の中立化を受け入れた。

□2. ナポレオン戦争以来はじめて戦火をまじえた（①）で、ヨーロッパの列強の協調体制は崩れた。以後、列強が自国の利害を第一に、国力の増進や国内体制の整備に注力するなかで、「（③＿＿＿＿＿）」が形成されていった。

【イギリスの繁栄】

□3. 19世紀半ばから後半にかけ、イギリスは「（④＿＿＿＿＿＿＿）」と呼ばれる絶頂期を迎えた。インドなどの植民地から富がもたらされたほか、自由貿易体制のもとでラテンアメリカも影響下におかれた。

□4. 1851年、イギリスはロンドンで（⑤＿＿＿＿＿＿）を開き、本国の工業製品のほか、植民地の産品も大々的に展示し、その繁栄を誇示した。

□5. 17世紀末以降、イギリスでは議会制が確立され、1860年代には保守党と自由党の（⑥＿＿＿＿＿）が成立した。また、1880年代までの一連の選挙法改正で、都市労働者や農業労働者も有権者となった。

【フランス第二帝政と第三共和政】

□6. （⑦＿＿＿＿＿＿）は、イギリスと通商条約を結び、自由貿易にもとづいて国内産業の成長をはかり、労働者に対する政策にもある程度配慮した。一方、クリミア戦争や第2次アヘン戦争などに積極的に参戦した。

□7. 1870年、（⑧＿＿＿＿＿＿＿＿）に敗れて（⑦）自身が捕虜になると、第二帝政は崩壊し、臨時政府が成立して共和政が復活した（＝⑨＿＿＿＿＿）。

□8. 1871年、臨時政府がドイツ軍に降伏すると、パリの民衆や社会主義者は自治政府（＝⑩＿＿＿＿＿＿）を打ちたてたが、臨時政府軍に鎮圧された。

□9. 第三共和政では（⑪＿＿＿＿）と共和派の対立が続いたが、75年に共和国憲法が制定されると軌道に乗った。

【イタリアの統一】

□10. イタリアでは、ヴィットーリオ＝エマヌエーレ2世統治下の（⑫＿＿＿＿＿）が、自由主義者の首相（⑬＿＿＿＿＿）のもとで近代化を進めて台頭し、1859年にオーストリアとの戦争に勝利して領土を拡大した。

□11. 「青年イタリア」出身の（⑭＿＿＿＿＿）が両シチリア王国を占領し、これを（⑫）王にゆずったことで、1861年にイタリア王国が成立し、70年にはイタリア統一を実現した。

【ドイツの統一】

□12. ドイツでは、ユンカー出身のプロイセン首相（⑮＿＿＿＿＿）が「鉄血政策」をとなえてドイツ統一を推進し、（⑯＿＿＿＿＿＿＿＿）で勝利した翌1867年にプロイセンを盟主とする北ドイツ連邦をつくった。

①
②
③
④
⑤
⑥
⑦
⑧
⑨
⑩
⑪
⑫
⑬
⑭
⑮
⑯

□**13.** プロイセンは、ドイツの統一を阻止しようとするフランスのナポレオン３世と1870年に開戦した(プロイセン=フランス戦争)。1871年には、この戦争に圧勝し、占領下のヴェルサイユでプロイセン国王がドイツ皇帝(⑰_____)として即位して、ドイツ帝国が誕生した。

【ビスマルクの政治】

□**14.** ドイツ帝国はドイツ諸国による(⑱_____)国家で、プロイセン国王が皇帝を兼ね、実際の政治の主導権は、帝国宰相ビスマルクが握った。

□**15.** ビスマルクは、カトリック勢力を帝国安定の脅威とみなし、「(⑲_____)」によっておさえ込んだ。また、社会主義者鎮圧法を制定する一方、ヨーロッパでいち早く(⑳_____)を整備して、労働者の支持を得ようとした。

□**16.** ビスマルクは、フランスの孤立と、安定した国際関係の維持が、ドイツの安全保障に不可欠であると考え、列強間の関係の調整に力を注いだ(=㉑_____)。1873年のドイツ・オーストリア・ロシアによる(㉒_____)や1882年のドイツ・オーストリア・イタリアによる(㉓_____)など、一連の同盟関係を築き、ヨーロッパの安定と自国の安全保障をはかった。

□**17.** 1877年、ロシア=トルコ(露土)戦争に勝利したロシアは、(㉔_____)を結んでバルカン半島で勢力を広げた。オーストリアやイギリスがこれに反対すると、ビスマルクは「公正な仲介者」を自称して、列強代表を集めてベルリン会議を開き、新たに(㉕_____)を締結した。

【ロシアの近代化】

□**18.** クリミア戦争の敗北後のロシアでは、(㉖_____)が農奴解放令を出し、自治体の設置や司法の独立などの改革も進め、工業化も始まったが、皇帝は強大な権限を保持し続け、身分制もゆらがなかった。

【国際的諸運動の進展】

□**19.** 1864年、ロンドンに集まった各国の社会主義者により(㉗_____)が結成されたが、パリ=コミューンを支持したことなどから各国政府の弾圧を受け、76年に解散した。

□**20.** スイスのデュナンの発意で、敵味方を問わず戦争犠牲者を救護することを定めた(㉘_____)が結ばれた。1896年には国際オリンピック大会も始まった。

【19世紀の文化・科学と社会の変容】

□**21.** イギリスでは、「最大多数の最大幸福」をとなえたベンサムが(㉙_____)を打ちたて、リカードらの古典派経済学者が自由放任的な経済政策をとなえた。

□**22.** ドイツでは、弁証法哲学を大成した(㉚_____)が進歩における国家の役割を強調し、(㉛_____)が近代歴史学の基礎を築いた。(㉜_____)は、『資本論』において資本主義体制の批判的分析をおこなった。

□**23.** (㉝_____)は『種の起源』で進化論を提唱し、社会に大きな衝撃を与えた。パストゥールやコッホは細菌学を発展させ、(㉞_____)はX線を発見した。

⑰	
⑱	
⑲	
⑳	
㉑	
㉒	
㉓	
㉔	
㉕	
㉖	
㉗	
㉘	
㉙	
㉚	
㉛	
㉜	
㉝	
㉞	

【大西洋移民】

□1. 「新大陸」発見から18世紀末まで、多数のヨーロッパ人がアメリカ大陸に入植したが、それよりもはるかに多数の奴隷が（①　　　　　　）から送られた。

□2. 19世紀初めに（②　　　　　　）がヨーロッパ各国で禁止されると、アメリカ大陸への移民はヨーロッパ系がほとんどを占めるようになった。19世紀には、18世紀までとは比較にならないほど多くの人々が大西洋を渡った。

【ラテンアメリカ諸国の独立】

□3. スペイン・ポルトガルなどの植民地であったラテンアメリカ地域では、1830年までに、カリブ海諸島を除くほぼ全域が独立した。

□4. ラテンアメリカでは、入植者の子孫で富裕な地主階層である（③　　　　　　）が、本国から派遣される植民地官僚や、本国の（④　　　　　　）による貿易統制に不満をもち、本国からの独立をめざした。

□5. （⑤　　　　　　）の軍がスペイン・ポルトガルに侵入し、両国の政治体制が大きく動揺したことが、ラテンアメリカの独立運動のきっかけとなった。スペインの植民地では、（⑥　　　　　　）らが活躍した。

□6. イギリスは、自由貿易のもとで輸出が増えることに期待を寄せて、ラテンアメリカ諸国の独立運動を支援した。一方、アメリカ合衆国は（⑦　　　　　　）を発して、南北アメリカ大陸とヨーロッパの相互不干渉をとなえた。

【アメリカ合衆国の拡大】

□7. アメリカ合衆国は、（⑧　　　　　　）からルイジアナ地域を購入した。また、テキサスを編入したのち、アメリカ＝メキシコ（米墨）戦争（1846〜48年）で（⑨　　　　　　）地域も獲得し、大陸を横断する国家となった。

□8. 19世紀初めから19世紀末にかけて、大量の移民などによりアメリカ合衆国の人口が約15倍に増え、領土が拡張されていくにしたがって、先住民は居住地を奪われ、西部に（⑩　　　　　　）させられた。

【南北戦争】

□9. （⑪　　　　　　）（1812〜14年）の際にイギリスとの貿易がとだえたことで、アメリカ合衆国北部では産業革命を実現して綿工業が発達した。一方、南部は奴隷制にもとづく（⑫　　　　　　）栽培を経済の柱とした。

□10. 北部を中心とする奴隷制反対派が共和党を結成して（⑬　　　　　　）を大統領に当選させると、南部諸州は（⑭　　　　　　）を結成し、南北戦争（1861〜65年）が始まった。

□11. 南北戦争は当初、南部が優勢であったが、リンカンが（⑮　　　　　　）を発して国際世論に訴え、工業力にもすぐれていた北部が最終的に勝利した。

【南北戦争後のアメリカ合衆国】

□12. アメリカ合衆国では、南北戦争前後に（⑯　　　　　　）が開通し、西部では農業が発達した。北部の工業はいっそう発展し、南部にも浸透した。

□13. 南北戦争後にアメリカ合衆国では、南部でも奴隷が解放されたものの、彼らの経済的な地位は低く、新たなかたちで人種差別の問題が生まれた。

①
②
③
④
⑤
⑥
⑦
⑧
⑨
⑩
⑪
⑫
⑬
⑭
⑮
⑯

【西アジアの変容】

□**1.** ナポレオン戦争後のオスマン帝国の領域をめぐる国際紛争は、ヨーロッパ
では「(① _____)」と呼ばれた。

□**2.** エジプトでは、ナポレオン遠征後の混乱期に(② _____)がエ
ジプト総督となって統治の実権を握り、(③ _____)や専売制を導入し、富国
強兵と 殖 産 興 業 の政策を進めた。しかし、オスマン帝国とイギリスとの通
商条約が属州のエジプトにも適用されたため、自立的な経済発展の道は閉ざ
された。

□**3.** エジプトはフランス人の建設計画に許可を与えて(④ _____)を建設し
たが(1869年開通)、巨額の債務を負い、イギリス・フランスの財務管理下に
おかれ、内政の支配も受けるようになった。

□**4.** エジプトで、外国の支配に反抗して軍人の(⑤ _____)が「エジプト人
のためのエジプト」をスローガンに立ちあがると、イギリスはエジプトを軍
事占領して、保護下においた。

□**5.** オスマン帝国は、列強の干 渉 を排除して近代国家をめざすため、1839年
に司法・行政・財政・軍事・教育にわたる大規模な西欧化改革(=⑥ _____
_____)を開始したが、一方でヨーロッパ資本の進出が急速に進んだ。

□**6.** 1876年末、オスマン帝国は大宰 相 ミドハト=パシャの起草した(⑦ _____
_____)を発布し、二院制議会を設けたが、議会の急進化を恐れたスルタ
ンの(⑧ _____)は、ロシア=トルコ戦争を理由に1878年に議
会を停会させた。

□**7.** イラン出身の(⑨ _____)は、列強の帝国主義を鋭く批判するととも
に、ムスリムの覚醒と連帯を訴えた(=⑩ _____)。

【インドの植民地化】

□**8.** インドでは、ムガル帝国の衰退が進む一方でヨーロッパ勢力の進出が進み、
19世紀半ばまでには、イギリスの(⑪ _____)がインド全域を制圧しイ
ンドの植民地化を完成させた。

□**9.** インドは(⑫ _____)を輸出していたが、イギリスの産業革命後、19世紀前
半にはイギリスから(⑫)などの工業製品を輸入して綿花や藍などの原材料を
輸出するようになった。貿易赤字は、清への(⑬ _____)輸出などでおぎなわ
れた。

□**10.** インドでは、1857年にインド人傭兵(=⑭ _____)による反乱が、北イ
ンド全域に広がった。イギリスはこれを鎮圧すると、東インド会社を解散し
てインドの直接支配を始めた。

□**11.** 1877年にイギリスの(⑮ _____)がインド皇帝に即位し、イギリ
スの支配下でインド帝国が成立した。

【東南アジアの植民地化】

□**12.** オランダは、19世紀にインドネシアの全域に植民地支配を拡大させ、コー
ヒーやサトウキビ、藍などの(⑯ _____)を導入して、莫大な利益をあ

①
②
③
④
⑤
⑥
⑦
⑧
⑨
⑩
⑪
⑫
⑬
⑭
⑮
⑯

げた。

□**13.** イギリスは、1826年にペナン・マラッカ・シンガポールを(⑰ 　　　　　)
　　 とした。また、1895年にはマレー連合州を結成させて保護国とし、錫やゴム
　　 の生産を拡大した。

□**14.** スペインによって支配されていた(⑱ 　　　　)は、自由貿易を求める欧
　　 米諸国の圧力により、1834年にマニラを正式に開港した。その後、輸出向け
　　 商品作物の生産が広がり、(⑲ 　　　　　　)の大土地所有制が成立した。

□**15.** ベトナムでは、1802年に阮福暎がフランス人の協力のもとで(⑳ 　　)を建
　　 てたが、フランスは、1858年にベトナム南部のサイゴンを占領した。

□**16.** ベトナムでは、1873年に劉永福が組織した(㉑ 　　　)がフランスに抵抗
　　 したため、フランスはベトナム北部と中部も支配下においた。

□**17.** ベトナムの宗主権を主張する清とフランスとのあいだに、清仏戦争がおき
　　 たが、1885年の(㉒ 　　　)でベトナムはフランスの保護国となり、すでに
　　 保護国となっていたカンボジアとあわせて、1887年に(㉓ 　　　　　
　　 　　　　)が成立した。

□**18.** タイは、ラーマ4世の時代にイギリスとボーリング条約(1855年)を締結し、
　　 自由貿易をおこなうようになった。(㉔ 　　　　　)は、イギリスとフラ
　　 ンスの勢力均衡策を利用してタイの独立を維持し、近代化を進めた。

⑰
⑱
⑲
⑳
㉑
㉒
㉓
㉔

中国の開港と日本の開国

【アヘン戦争】

☐ **1.** 中国の清は諸外国との外交関係を皇帝への朝貢としてとらえ、ヨーロッパの船の来航は恩恵的に（① 　　　）に限って認めていた。

☐ **2.** イギリスは中国からの茶の代価としてインド産アヘンを中国に密輸し、インドにイギリス製綿織物を輸出する（② 　　　　　）をおこなった。そのため中国ではアヘンの中毒者が増え、アヘン輸入の拡大で（③ 　　）が流出するようになった。

☐ **3.** 清朝が広州に派遣した（④ 　　　　）がイギリス商人のアヘンを没収すると、イギリスは1840年に損害賠償(ばいしょう)と通商条約の締結とを求めて（⑤ 　　　　　）をおこした。この戦争で清はイギリスに降伏し、1842年に（⑥ 　　　　　）が結ばれた。

☐ **4.** （⑥）により清は広州や上海など5港を開港し、イギリスに（⑦ 　　　　）を割(かつ)譲(じょう)し、賠償金を支払った。また翌年、領事裁判権(治外法権)や一方的な（⑧ 　　　　　）を認め、関税自主権がない不平等条約が結ばれた。アメリカ合衆国・フランスとも同様の条約が結ばれた。

☐ **5.** 開港した清の貿易港には外国人の居住が認められ、上海などでは（⑨ 　　　）が形成された。

☐ **6.** イギリスとフランスがおこした第2次アヘン戦争(アロー戦争)では、1860年に（⑩ 　　　　　）が結ばれ、清は天津(てんしん)や漢口(かんこう)など11港を新たに開港して、北京における公使の駐在やキリスト教布教の自由、アヘン貿易の合法化を認めた。

☐ **7.** ロシアは、第2次アヘン戦争中にアムール川以北をロシア領とする（⑪ 　　　　　）を結び、第2次アヘン戦争の講和を仲介する代(だい)償(しょう)として（⑫ 　　　　）を獲得した。

【太平天国と洋務運動】

☐ **8.** 貿易による銀の価格の上昇や、アヘン戦争のための増税による生活の圧迫を背景に、上(じょう)帝(てい)会(かい)を組織した（⑬ 　　　　）は、広西省で挙兵して1851年に（⑭ 　　　　　）を建て、53年には南京を占領して首都とした。

☐ **9.** （⑭）は、満洲人の清朝を倒して新しい国家をおこすことを呼びかけ、男女の平等、土地の均分などをとなえて民衆の支持を集めた。欧米諸国は1860年の北京条約で要求が受け入れられると清朝側についた。

☐ **10.** （⑮ 　　　　）や（⑯ 　　　　）などの漢人官僚が故郷で組織した地方義勇軍(＝⑰ 　　　）と、上海租界(そかい)防衛を目的に外国人が創設した常勝軍などが、協力して太平天国を攻め、1864年に滅ぼした。

☐ **11.** 太平天国鎮(ちん)圧(あつ)で活躍した漢人官僚は、清朝内で勢力を強め、（⑱ 　　　　　）と呼ばれる近代化運動を始めた。彼らの多くは「（⑲ 　　　　　）」の考え方をとり、欧米の技術の導入を進めたものの、国家体制に関しては、（⑳ 　　　　　）をおいたほかは、おおむね伝統的な体制の維持安定をめざした。

①
②
③
④
⑤
⑥
⑦
⑧
⑨
⑩
⑪
⑫
⑬
⑭
⑮
⑯
⑰
⑱
⑲
⑳

□12. 朝鮮では、1863年に政権を握った(㉑_____)がキリスト教を弾圧したため
　　フランス艦隊の攻撃を受け、また、通商を要求したアメリカ汽船を焼打ちし
　　たためアメリカ艦隊の攻撃も受けたが、いずれも退けて、全国に「斥和碑(斥
　　洋碑)」が建てられた。

【日本への通商の要求と対応】

□13. 1792年、根室に来航したロシア使節(㉒_____)に対し、江戸幕府は長
　　崎で交渉するとした。これに従って1804年に長崎に来航した使節(㉓_____
　　)に対し、幕府は「鎖国」が「祖法」であるとして通商を拒絶した。

□14. 幕府は1825年に(㉔_____)を出したが、アヘン戦争の戦況が伝わる
　　と、軍事攻撃を受けてその威信が傷つくことを恐れ、1842年に(㉕_____
　　_____)を出した。一方で、水戸藩では、(㉔)を契機に尊王攘夷論が提唱
　　されていた。

□15. アメリカは、太平洋を渡り中国と往復する汽船が石炭・水の補給のために
　　日本に寄港をすることを認めさせようと、オランダ商館経由で幕府に予告し
　　たうえで、大統領の国書を託した(㉖_____)を派遣した。

【ペリーの来航】

□16. 1853年に江戸湾口に現れたペリー艦隊は、日本側を威嚇して幕府に大統領
　　の国書を受け取らせ、翌年の返答を約束させて退去した。

□17. 老中首座(㉗_____)は、ペリーの要求を朝廷に報告し、諸大名らに意見
　　も求めた。ペリーが1854年に再来航すると、幕府は(㉘_____)を結ん
　　だ。

□18. (㉘)では、アメリカ船が下田・箱館に寄港すること、日本側が漂着者を保
　　護すること、下田へのアメリカ官吏の駐在、(㉙_____)などを認めたが、
　　通商は認めていなかった。

□19. 開国前に、鉄製大砲を鋳造するための(㉚_____)の建設など、すでに西洋
　　軍事技術の導入が始まっていたが、開国後には、幕府は(㉛_____)と講武
　　所を設け、長崎でオランダ海軍派遣隊による汽走軍艦を用いる海軍伝習をお
　　こなった。

□20. ペリーは日米和親条約を結んだ直後に、琉球とのあいだに通商も認める(㉜
　　_____)を結んだ。

【開国とその影響】

□21. 幕府は、アメリカ総領事(㉝_____)にせまられ、朝廷の勅許を得られない
　　まま1858年に(㉞_____)を締結し、神奈川・長崎・箱館・新潟・
　　兵庫の開港、江戸・大坂の開市を定めた。この条約は、(㉟_____)を認
　　め、関税自主権がない不平等条約であったが、アヘンの輸入は認めなかった。

□22. (㉞)を締結した大老井伊直弼は、(㊱_____)で批判者を弾圧したが、
　　1860年の桜田門外の変で暗殺された。

□23. 幕府は、(㊲_____)をめざして孝明天皇の妹和宮を14代将軍徳川家茂の
　　妻に迎えた。また、徳川慶喜を将軍後見職とするなど改革を進めた。

□24. (㊳_____)派が主導する長州藩は、1863年に朝廷の命として将軍家茂を
　　上洛させて(㊴_____)を約束させ、みずからも関門海峡を通過する外国船を砲

㉑	
㉒	
㉓	
㉔	
㉕	
㉖	
㉗	
㉘	
㉙	
㉚	
㉛	
㉜	
㉝	
㉞	
㉟	
㊱	
㊲	
㊳	
㊴	

撃した。

□25. 薩摩藩は、前年の(㊵_____)の報復として1863年に鹿児島湾に来攻したイギリス艦隊と戦った(薩英戦争)。

□26. 京都から追放された長州藩は、勢力を挽回しようと1864年に京都で会津藩・薩摩藩など幕府側と戦ったが敗れた(=㊶_____)。

□27. (㊶)ののち、長州藩は幕府の追討を受け(=㊷_____)、さらに前年の外国船砲撃の報復として四国連合艦隊による下関砲台への攻撃も受けた。

□28. 長州藩で、奇兵隊を率いた(㊸_____)らの挙兵によって桂小五郎(木戸孝允_{たか よし})らもとの尊王攘夷派が主導権を回復したため、幕府は再び長州征討を宣言した(第2次長州征討)。

□29. (㊹_____)や大久保利通_{とし みち}が主導した薩摩藩は再度の長州征討には応じず、1866年に坂本龍馬の仲介で(㊺_____)を結んだ。

【貿易の動向】

□30. 開国後の貿易は、輸出では(㊻____)・茶・蚕卵紙、輸入品では織物のほか、武器・艦船が主であった。貿易は当初輸出超過であったが、1860年代後半になると、軍事関係の輸入が増えて輸入超過となった。

□31. 当時の中国では民衆の消費するアヘンが多く輸入されたが、日本では幕府や藩が銃砲や艦船を輸入して財政難を深めていった。

□32. 幕府は1860年の日米修好通商条約の(㊼____)交換に使節団を送ったのをはじめ、繰り返し欧米に使節団や留学生を派遣した。1866年に幕府が海外渡航を解禁すると諸藩もこれに続き、欧米社会の知識が本格的にもたらされた。

㊵	
㊶	
㊷	
㊸	
㊹	
㊺	
㊻	
㊼	

【新政府の発足】

□1．15代将軍になった徳川慶喜は、朝廷のもとで徳川家を含む有力諸藩が合議する政権をつくろうと、1867年に（①＿＿＿＿＿＿）の上表を提出した。

□2．薩摩藩と結んだ倒幕派の公家岩倉具視は朝廷で主導権を握り、（②＿＿＿＿＿＿）の大号令を発して新政府を発足させた。

□3．新政府は（③＿＿＿＿＿＿）に内大臣の官職と領地の返上を求め、これを不満とする旧幕府軍と新政府を主導する薩摩や長州の藩兵が1868年1月に鳥羽・伏見で衝突して（④＿＿＿＿＿＿）が始まったが、翌1869年5月に箱館によった旧幕府軍が降伏して終結した。イギリスは倒幕派、（⑤＿＿＿＿＿＿）は幕府に接近していたが、列国の外交団は基本的に中立の立場をとった。

【藩から県へ】

□4．戊辰戦争中の1868年3月に、明治天皇が神々に誓うかたちで、新政府の方針を示した（⑥＿＿＿＿＿＿）がだされた。民衆には、五榜の掲示で旧来の儒教道徳を守ることなどが求められ、（⑦＿＿＿＿＿＿）の信仰は禁止された。

□5．戊辰戦争が終わると、政府は諸藩に領地と領民を天皇に返還する（⑧＿＿＿＿＿＿）を命じ、旧大名を政府の地方長官である（⑨＿＿＿＿＿＿）に任命した。

□6．1871年に（⑩＿＿＿＿＿＿）がおこなわれ、府・県がおかれた。（⑨）であった旧大名は東京居住を命じられ、中央政府から府知事・県令らが派遣された。藩が支給していた禄は、政府から（⑪＿＿＿＿）として支給されることになった。

【四民平等への諸改革】

□7．1872年には、華族・士族・平民の新たな族籍にもとづく戸籍がつくられた。平民は苗字をもつことになり、族籍をこえた結婚や、華士族が農工商に従事する自由が認められた（＝「⑫＿＿＿＿＿＿」）。

□8．1872年に徴兵告諭がだされ、翌73年の（⑬＿＿＿＿＿＿）により、満20歳に達した男性から選抜して3年間現役兵として勤務させる徴兵制が実施された。

□9．徴兵制などで士族の地位が失われたことを背景に、1876年、（⑭＿＿＿＿＿＿）を与えて華士族の秩禄を廃止する「秩禄処分」がおこなわれた。

□10．1871年、新政府は、（⑮＿＿＿＿＿＿）を定めて従来の1両を1円として洋式の金貨・銀貨の製造を開始し、翌72年には株式会社形式で銀行を設立して金貨と交換できる兌換銀行券を発行する制度として（⑯＿＿＿＿＿＿）を定めた。

□11．1872年、新政府は土地の自由な売買を認めて地券の発行を始め、翌73年に（⑰＿＿＿＿＿＿）に着手し、すべての土地所有者に地価を基準に地租を課した。

□12．当初、地租は従来の年貢と同程度の税収を見込んで地価の3％とされたが、軽減を求める一揆などがあり、西南戦争直前に（⑱＿＿＿）％に引き下げられた。

【文明開化】

□13．1872年に（⑲＿＿＿＿）が公布され、全国に小学校が設けられた。数年で男子の約半数が就学するようになったが、女子はその半分にも満たなかった。

□14．都市では欧米の文物や風俗が流入し、（⑳＿＿＿＿＿＿）の風潮が生まれた。

①
②
③
④
⑤
⑥
⑦
⑧
⑨
⑩
⑪
⑫
⑬
⑭
⑮
⑯
⑰
⑱
⑲
⑳

【欧米諸国との関係と新技術の導入】

□ 1. 新政府は、殖産興業をめざして洋式技術導入を進めるため、外国人を雇用した（＝①＿＿＿＿＿＿＿＿）。1870年に工部省が設けられ、1872年には新橋・横浜間に鉄道が開通し、同年、群馬県に（②＿＿＿＿＿＿）が開設された。

□ 2. 廃藩置県を終えた政府は、将来の条約改正と欧米の制度や文物の視察のため、1871年11月に（③＿＿＿＿＿＿）を派遣して、欧米諸国を訪問させた。

【ロシアとの関係と北方開発】

□ 3. ロシアとの国境は日露和親条約で、択捉島と得撫島のあいだと定められたが、（④＿＿＿）には国境が定められなかった。幕府は条約締結とともに蝦夷地を直轄領として内地からの移住をうながし、先住民族である（⑤＿＿＿＿）を内地人に近いかたちで統治しようとした。

□ 4. 新政府は、1869年に蝦夷地を北海道と改称し（⑥＿＿＿＿）をおいて開発を進めた。1874年に開拓と防衛を担うべく北海道に旧士族を移住させる（⑦＿＿＿＿＿）がつくられた。翌75年にロシアの要求に応じて（⑧＿＿＿＿＿＿）を結び、日本は樺太を放棄して千島列島を領有することになった。

□ 5. 1899年にアイヌに農地を与えるなどの内容をもつ（⑨＿＿＿＿＿＿＿）が制定されたが、それはアイヌの伝統文化を尊重するものではなかった。

【朝貢関係との摩擦と外征】

□ 6. 新政府は1871年に清と対等な関係の（⑩＿＿＿＿＿＿）を結んだ。朝鮮は清に朝貢していたため、中国皇帝にしか用いない「皇」の字を、日本が天皇を示すために用いたことなどから、外交交渉に応じなかった。

□ 7. 新政府は、琉球国王（⑪＿＿＿＿）を琉球藩王として華族に加え、欧米諸国との外交は外務省の管轄としたが、琉球は清への朝貢を続けていた。

□ 8. 日本との外交交渉に応じない朝鮮に対し、士族を中心に（⑫＿＿＿＿）が活発となった。岩倉使節団出発後の留守政府は、西郷隆盛が使節として朝鮮に渡るかたちで決着をはかろうとしたが、帰国した岩倉具視らに否定され、西郷・板垣退助・江藤新平らは下野した（＝⑬＿＿＿＿＿＿＿）。

□ 9. 政府は、1871年の琉球漂流民殺害事件を理由に、1874年に（⑭＿＿＿＿＿）をおこなった。清が出兵を正当と認め、犠牲者に見舞金を支払うことになったことから、日本は、琉球に対する日本の支配権を清が認めたと認識し、撤兵した。

□ 10. 新政府は1875年に琉球に対して清への朝貢停止を命じ、琉球藩を内務省の管轄とした。1879年には琉球藩を廃止して沖縄県をおいた（＝⑮＿＿＿＿＿）。

【近隣関係の決着と日本人の海外渡航】

□ 11. 江華島事件をきっかけに日本は朝鮮にせまり、1876年に（⑯＿＿＿＿＿）を結んだ。条約は日本の領事裁判権を認める不平等条約であった。

①	
②	
③	
④	
⑤	
⑥	
⑦	
⑧	
⑨	
⑩	
⑪	
⑫	
⑬	
⑭	
⑮	
⑯	

【自由民権運動の展開】

□**1**．明治六年の政変で下野した板垣退助・後藤象二郎らは、翌1874年に(① _____)の建白書を政府に提出し、これが自由民権運動の起点となった。

□**2**．1875年、政府は(② _____)の詔を出し、元老院・大審院・地方官会議を設置する一方、讒謗律と(③ _____)を制定した。

□**3**．士族の反乱や大規模な農民一揆が続発したが、政府が1877年の(④ _____)で勝利すると、反乱はあとを絶った。

□**4**．自由民権運動は急速に広まり、1880年に各地の自由民権運動の結社が加盟する国会期成同盟が結成された。政府は(⑤ _____)を定めて運動を規制した。翌年、国会期成同盟の一部は板垣を党首とし(⑥ _____)を結成した。

□**5**．1881年、開拓使官有物払下げ事件の世論の動きと通じているとして、政府は大隈重信を罷免し(＝⑦ _____)、一方で国会開設の勅諭を出して、1890年の国会開設を公約した。大隈は1882年に立憲改進党を結成した。

【松方デフレと民権運動の激化】

□**6**．西南戦争の戦費調達や国立銀行の銀行券発行により紙幣の発行量が増え、(⑧ _____)となって紙幣の価値が低下した。地租は紙幣で徴収されたため政府の財政は苦しくなった。

□**7**．松方正義は財政緊縮と紙幣回収を進めた。これにより(⑨ _____)が生じ紙幣価値が上がったため、地租は実質的な増税となった。

□**8**．1884年の(⑩ _____)や加波山事件など、民権運動が激化したため、議会開設に備えようとする自由党指導部は党を解散せざるをえなくなった。

【立憲体制の成立】

□**9**．(⑪ _____)はおもにドイツ流の憲法理論を学び、憲法制定と国会開設の準備を進めた。1885年に内閣制度を定めて初代内閣総理大臣となった。

□**10**．井上馨は鹿鳴館の建設など(⑫ _____)を進めつつ条約改正交渉をおこなったが、外国人判事を採用する案などに批判が高まり、失敗した。

□**11**．民権派は井上馨の条約改正交渉失敗を機に大同団結をはかり、地租軽減、言論・集会の自由、対等条約締結を求める(⑬ _____)を展開した。政府は1887年末に保安条例を公布し民権派活動家を東京から追放した。

□**12**．ドイツ人顧問ロエスレルらの助言を得ながら伊藤博文らが起草し、枢密院での審議を経て、1889年2月11日に(⑭ _____)が発布された。

□**13**．(⑭)は天皇が定める(⑮ _____)のかたちをとり、天皇が統治権の総攬者で、文武官の任免、軍の統帥、条約の締結などの大権をもった。

□**14**．帝国議会は二院制で、貴族院は華族や勅選議員からなり、衆議院議員の選挙権は、直接国税(⑯ __)円以上をおさめる満25歳以上の男性に与えられた。

□**15**．1890年の第1回衆議院議員総選挙では旧民権派の民党が議席の過半数を占めた。民党は政費節減・(⑰ _____)を主張して地租の軽減を求めた。

□**16**．(⑱ __)・商法は議会開設直前に公布されたが、日本の慣習との調整が不十分であったことから法典論争が生じ、議会で施行の延期が決定された。

①	
②	
③	
④	
⑤	
⑥	
⑦	
⑧	
⑨	
⑩	
⑪	
⑫	
⑬	
⑭	
⑮	
⑯	
⑰	
⑱	

条約改正と日清戦争

【朝鮮と清】

□**1.** 朝鮮は、（①＿＿＿＿＿＿）では「自主ノ邦」とされたが、欧米諸国と結んだ条約では、清の属邦と表明していた。

□**2.** 1882年に大院君の支持を受けた軍隊が、政府の高官や日本公使館を襲撃し、（②＿＿＿＿＿）がおこった。

□**3.** 日本と結んで近代化をめざす金玉均らは、日本公使館の支援のもとで政権を奪った（＝③＿＿＿＿＿）が、清軍に攻撃されて敗れた。

□**4.** （③）ののち、（④＿＿＿＿＿）が結ばれ、日清両国は、朝鮮に出兵する場合は相互に通告することとした。

□**5.** （③）ののち、日本では『時事新報』に「（⑤＿＿＿＿）」が掲載されるなど、清や朝鮮に対する武力行使を容認する議論が勢いを増した。

□**6.** はじめての議会では山県有朋首相が日本周辺の「（⑥＿＿＿＿）」を保護するため軍備の拡張が必要だと説明した。

【条約改正】

□**7.** （⑦＿＿＿＿＿）鉄道の計画などロシアの東アジアへの進出を警戒したイギリスは日本との条約改正交渉に応じたが、1891年に（⑧＿＿＿＿）事件が発生して青木周蔵外務大臣が引責辞職し、交渉は中断した。

□**8.** （⑨＿＿＿＿＿）外務大臣はイギリス駐在公使に任じた青木周蔵にイギリスとの交渉をおこなわせ、1894年7月に領事裁判権を撤廃して対等の原則に立った（⑩＿＿＿＿＿＿）の締結に成功した。

【日清戦争】

□**9.** 1894年、（⑪＿＿＿＿＿＿）を機に、日清戦争が始まった。

□**10.** 日本軍は日清戦争を有利に進め、1895年4月、下関で伊藤博文・陸奥宗光と李鴻章とのあいだで（⑫＿＿＿＿＿）が結ばれた。

□**11.** （⑫）では、清は朝鮮の独立を認め、遼東半島および（⑬＿＿＿＿）・澎湖諸島を日本にゆずり、賠償金2億両を日本に支払い、新たに重慶などの4港を開くことなどを決めた。

□**12.** （⑫）での遼東半島の割譲に対し、ロシア・フランス・ドイツが異議をとなえた（＝⑭＿＿＿＿＿）ため、日本は遼東半島を返還した。

□**13.** 日本は台湾に（⑮＿＿＿＿＿）をおき、軍人を総督として統治した。

□**14.** 1900年、山県有朋内閣は政党の影響力を抑制するため、（⑯＿＿＿＿＿＿＿）を定めた。

□**15.** 伊藤博文は1900年に（⑰＿＿＿＿＿）を結成して総裁となり、内閣を組織した。

□**16.** 朝鮮で日本の駐朝鮮公使三浦梧楼らがおこした（⑱＿＿＿＿）殺害事件に際し、高宗がロシア公使館に逃れ、親露派の政権が成立した。1897年に高宗は国号を（⑲＿＿＿＿＿）と改め、皇帝の地位についた。

①	
②	
③	
④	
⑤	
⑥	
⑦	
⑧	
⑨	
⑩	
⑪	
⑫	
⑬	
⑭	
⑮	
⑯	
⑰	
⑱	
⑲	

【政府の役割と運輸業】

□1．産業革命を経た欧米の工業生産力に直面した政府は、官営事業によって技術の導入をはかるとともに、(① ＿＿＿＿＿)をとなえ、(② ＿＿＿＿＿＿＿)などを開催して民間の経済活動をうながした。

□2．(③ ＿＿＿＿)は大蔵卿に就任すると、1882年に中央銀行として(④ ＿＿＿＿ ＿＿)を設立し、1885年から、銀兌換の日本銀行券を発行させた。

□3．貨幣制度の安定を背景に、1886年から鉄道・紡績などを中心に株式会社の設立が盛んになり(＝⑤ ＿＿＿＿)、製糸の工場制生産も各地で活発となって、日本における産業革命が始まった。

□4．1897年、日本は(⑥ ＿＿＿＿)の賠償金を利用して、当時の先進国に一般的であった金本位制を採用した。

□5．鉄道は当初、官営で建設が進められたが、官営の(⑦ ＿＿＿＿)線が新橋・神戸間で全通した1889年には、民営鉄道の営業キロ数が官営を上まわった。

□6．1906年の(⑧ ＿＿＿＿)により、幹線の民営鉄道が買収されて国有鉄道として統一的に経営されるようになった。

□7．汽船海運では、政府の援助を受けた三菱と、政府がつくった半官半民の会社が1885年に合併して(⑨ ＿＿＿＿＿)となり、政府が命令した航路で定期航海する条件で補助を受けた。日清戦争後には日本企業一般に対して造船や海運を奨励する法律が制定された。

【繊維工業と貿易】

□8．綿花を原料として綿糸を生産する紡績業では、1883年に(⑩ ＿＿＿＿＿)が開業し、輸入綿花を用いて成功すると、紡績会社の新設があいつぎ、1897年には輸出が輸入を上まわるようになった。

□9．日本の産業革命は、19世紀末のアジア間貿易を大きく増加させた。日本はアジアに対し、原材料や食料を輸入し、工業製品を輸出する(⑪ ＿＿＿＿)の立場に立った。

□10．日本の紡績業は機械と綿花を輸入し、製品は国内での消費も多かったので、国際収支は(⑫ ＿＿)であった。

□11．国内産の蚕の繭を原料とする(⑬ ＿＿＿＿)は、日本の主要な輸出品である生糸を生産し、外貨の獲得に貢献した。生糸の輸出先は1884年以降、需要を拡大しつつある(⑭ ＿＿＿＿)が最大となった。

【重工業と労働運動】

□12．造船や鉱山では、(⑮ ＿＿)と呼ばれた政府関係者とつながりのある有力な事業者が(⑯ ＿＿＿)の払下げを受け、おもな担い手となった。

□13．(⑰ ＿＿)は長崎造船所や佐渡鉱山などの、政府の金銭出納や貿易を請け負っていた三井は富岡製糸場や三池炭鉱などの払下げを受けて鉱工業に本格的に進出し、(⑱ ＿＿)へと発展していった。

□14．日本に関税自主権がなく、低い関税で輸入されていた鉄鋼は、民間の力では輸入品と競争することが困難であったため、政府が(⑲ ＿＿＿＿＿)を北九

①
②
③
④
⑤
⑥
⑦
⑧
⑨
⑩
⑪
⑫
⑬
⑭
⑮
⑯
⑰
⑱
⑲

州の八幡に建設し、1901年に操業を開始した。原料の鉄鉱石はおもに(⑳_____)から輸入された。

□15. 紡績・製糸、そして織物といった繊維工場のおもな担い手は(㉑_____)で、重工業や鉱山の労働者は(㉒_____)が中心であった。

□16. 工場労働者が増加するなかで、低賃金・長時間労働などの問題から、ストライキがおこることもあった。1897年には(㉓_____)が結成され、その影響のもとで労働者の組合をつくる動きも生じた。

□17. 政府は1900年に(㉔_____)を制定して労働運動を取り締まる一方、労働者を保護するための(㉕_____)を1911年に制定した。

【農業と地主制】

□18. 農業では新しい肥料や品種の導入、灌漑・排水の改良が進められた。米の生産量は増えたが、人口の増加もあって、19世紀末からは米の(㉖_____)国となった。

□19. 地主経営は比較的に高い利益を生んだため、みずからは農業に従事せず、有利な投資先として土地を集積する(㉗_____)が生まれた。

□20. 小作地率は(㉘_____)で急増し、その後も徐々に増加した。(㉙_____)を現物納する小作農は生活に余裕がなく、子女を工場に働きに出すことも多かった。

【学校教育の進展】

□21. 産業革命の進行とともに就学率も向上した。1890年代に入ると男女差を縮めながら小学校教育の就学率が上昇し、1900年に(㉚_____)教育の授業料が廃止された頃には女子も3分の2程度が就学した。

□22. いわゆる(㉛_____)によって、1886年には小学校から中学校を経て帝国大学へ、あるいは教員養成の(㉜_____)へという学校の体系が整えられ、専門的な教育を受けられる機会が広がった。

□23. 帝国大学は官僚や欧米からの技術導入に当たる技術者を養成したが、法律家や政治家、また諸産業の担い手は、福沢諭吉の(㉝_____)や、大隈重信が創設した(㉞_____)をはじめとする私立学校、あるいは官・公立の実業学校で学んだ人が多かった。

⑳	
㉑	
㉒	
㉓	
㉔	
㉕	
㉖	
㉗	
㉘	
㉙	
㉚	
㉛	
㉜	
㉝	
㉞	

【第2次産業革命と帝国主義】

□1. 1870年代のヨーロッパにおける石油や電力の利用、（①_____）や電機工業の登場、産業の機械化と大規模化などの変化を、（②_____）と呼ぶ。

□2. 大規模化した産業は巨額の資本を必要としたため、企業の合併が進み、20世紀初頭までに、（③____）と結びついた大企業が、各国の経済を独占的に支配するようになった。

□3. 産業の大規模化にともない、原料・燃料や、商品の販路を確保するため、1880年代以降、各国の政府は（④____）の獲得に力を入れた。

□4. 本国の経済のために（④）を犠牲にする（⑤_____）は、本国労働者の生活を改善して政府への不満を緩和したため、国民国家の確立に役立った。

【列強各国の内政と帝国主義】

□5. 1870年代から90年代のイギリスは、世界的な不況により経済成長がにぶり、鉄鋼生産量でアメリカ合衆国と（⑥____）に抜かれた。

□6. 20世紀初頭のイギリスでは労働組合などによって成立した（⑦____）が、社会政策の充実を求めた。

□7. フランスは第三（⑧____）のもとで、アフリカと東南アジアに植民地を拡大した。平等な市民からなる「（⑧）」という理念は、植民地の「原住民」には適用されなかった。

□8. ドイツでは、ビスマルクを辞任に追い込んだヴィルヘルム2世が「（⑨_____）」を掲げて海軍を増強し、イギリスに脅威を与えた。また、国家の保護のもとで鉄鋼生産をのばし、イギリスを上まわった。

□9. ヨーロッパ各国で、労働者政党が（⑩_____）ではなく議会での活動をめざすようになり、国民国家に組み込まれていった。

□10. シベリア・極東への進出に転じたロシアは、この方面への進出をめざす日本と対立した。1904年に（⑪____）がおこると、ロシアでは生活の悪化で不満が高まり、1905年に革命がおこった。

□11. 豊富な資源と広大な国内市場に支えられた（⑫_____）の工業力は、19世紀末までに世界第1位となった。

□12. 1898年にアメリカ=スペイン（米西）戦争で勝利したアメリカは、フィリピンやプエルトリコなど、太平洋やカリブ海のスペイン植民地を獲得し、（⑬_____）を保護国化した。

□13. セオドア=ローズヴェルト大統領の頃、アメリカはカリブ海に面した諸国に対して「（⑭____）」を展開し、対中国では経済的な進出を基本とし、（⑮____）と機会均等・領土保全をほかの列強に呼びかけた。

【「世界の一体化」の進展】

□14. 1869年に開通した（⑯____）運河は地中海と紅海、1914年に開通した（⑰_____）運河は大西洋と太平洋を結んだ。

①
②
③
④
⑤
⑥
⑦
⑧
⑨
⑩
⑪
⑫
⑬
⑭
⑮
⑯
⑰

【アフリカの植民地化】

□**1**．アフリカ大陸は、激しい植民地獲得競争の舞台となり、1884〜85年にドイツの(①＿＿＿＿＿)が開催したベルリン＝コンゴ会議後、ごく短期間のうちに、大部分がヨーロッパの植民地となった。

□**2**．イギリスの植民地政策は、南アフリカのケープタウンから、エジプトの(②＿＿＿＿)まで南北に縦断する政策をとり、さらにインド植民地のカルカッタを結びつけることをめざした(＝③＿＿＿＿)。

□**3**．アフリカを東西に横断するフランスの植民地政策と、縦断するイギリスの政策が衝突して(④＿＿＿＿＿)がおこったが、フランスが譲歩した。

□**4**．イタリアを撃退した(⑤＿＿＿＿)、アメリカの解放奴隷が入植したリベリアを除き、アフリカは20世紀初頭までにヨーロッパ列強の植民地として分割された。

【太平洋諸地域の分割】

□**5**．イギリスは、18世紀後半に(⑥＿＿＿＿＿)を植民地として先住民のアボリジニを抑圧し、19世紀前半にニュージーランドも植民地として先住民マオリの土地を武力で奪った。

□**6**．アフリカで出遅れた(⑦＿＿＿)は、1880年代以降、太平洋の島々を積極的に植民地とした。

□**7**．アメリカ合衆国はアメリカ＝スペイン(米西)戦争に勝利しフィリピンとグアムを獲得した。また、独立国だった(⑧＿＿＿)王国も併合した。

【ラテンアメリカの動向】

□**8**．19世紀末になると輸送手段と保存技術の発達により、(⑨＿＿＿＿＿)は、欧米へのコーヒー豆や食肉など農産物・畜産物の供給地とされた。

□**9**．(⑩＿＿＿＿)では1911年に革命がおこり独裁政権が倒れ、内紛ののち1917年に自由主義者の政権が憲法を制定し、大土地所有の分割、農民・労働者の権利擁護、地下資源の国家への帰属も定められた。

【列強の二極分化】

□**10**．ドイツの(⑪＿＿＿＿＿)は、勢力均衡にもとづくビスマルク外交を否定した。また、ベルリン・ビザンティウム(イスタンブル)・バグダードを鉄道で結ぶ計画(＝⑫＿＿＿)を立てた。

□**11**．19世紀のイギリスは、孤立外交政策をとっていた(＝「⑬＿＿＿＿」)が、列強間の競争が激化すると政策を転換し、まず、極東でのロシアの進出に対抗するため1902年に(⑭＿＿＿)を結んだ。

□**12**．1891〜94年に露仏同盟、1904年に英仏協商、1907年に英露協商が結ばれ、イギリス・フランス・ロシアの(⑮＿＿＿)が成立し、1882年にビスマルク外交で結ばれたドイツ・オーストリア・イタリアの三国同盟と対抗した。

①
②
③
④
⑤
⑥
⑦
⑧
⑨
⑩
⑪
⑫
⑬
⑭
⑮

日露戦争とその影響

【列強の中国進出と変法運動】

□ 1．日清戦争での清の敗北をきっかけに、列強は中国進出を強めた。1898年に
ドイツが（①　　　　）を租借すると、ロシア・イギリス・フランスなどもそれ
ぞれ租借地を設定した。

□ 2．アメリカ合衆国は、中国の門戸開放・（②　　　　）および領土保全を提唱
した。

□ 3．中国では、康有為を中心とする変法派が光緒帝を説得して改革に乗り出し
た（＝③　　　　）が、西太后のクーデタにより失敗した。

【義和団戦争】

□ 4．中国では、19世紀末に農村の自警団組織を基盤に生まれてきた宗教的武術
集団の（④　　　　）が、「扶清滅洋」をとなえて1900年に北京の外国公使館を
包囲し、清も各国に宣戦布告したが、各国が組織した8カ国連合軍に敗れた
（義和団戦争）。

【日露戦争】

□ 5．義和団戦争後、日本は（⑤　　　）をロシアの勢力圏とするかわりに、韓国を
日本の勢力圏として認めるよう交渉を試みたが、ロシアは応じず、こうした
情勢のなか、1902年に（⑥　　　　）協約が結ばれた。

□ 6．1904年に日露戦争がおこり、日本軍は旅順を占領し、ロシアの（⑦　　　
　　）艦隊に壊滅的な打撃を与えたが、日本の国力では、戦争の継続は難しか
った。一方、ロシアも1905年革命がおこったため戦争の継続が困難となり、
両国はアメリカ大統領セオドア＝ローズヴェルトの仲介を受け入れ、アメリ
カの（⑧　　　　）で講和会議が開かれた。

【日露戦争の結果】

□ 7．ポーツマス条約で日本は、（⑨　　　）に対する監督・指導権や、ロシアが中
国にもっていた旅順・大連などの租借権や権益を獲得したが、（⑩　　　　）が
得られなかった不満から、日比谷焼打ち事件がおこった。

□ 8．日本は日露戦争中に、第1次（⑪　　　　）を結んで、韓国に外交と財政の
顧問を送り込んだ。また、イギリスとは第2次日英同盟協約を結び、アメリ
カとは（⑫　　　　　）を結んでアメリカのフィリピン支配と日本の韓国
保護とを相互に了解した。

□ 9．日本は、第2次日韓協約を結んで韓国の外交権を奪い、（⑬　　　　）を韓
国統監として統監府をおいた。また、ハーグ密使事件を契機に、第3次日韓
協約を結んで内政権を手に入れ、1910年に韓国併合条約を強要して韓国を植
民地とし、（⑭　　　　）をおいて統治した。

□ 10．満洲では、租借地の軍事・行政を管理するため旅順に（⑮　　　　）がお
かれ、ロシアから引き継いだ鉄道やこれに付属する炭鉱などを経営するため
半官半民の（⑯　　　　　）が設立された。

□ 11．南満洲の権益を独占しようとする日本の姿勢は、（⑰　　　　）を求めるア
メリカ合衆国の批判をまねき、日米関係を悪化させた。

①
②
③
④
⑤
⑥
⑦
⑧
⑨
⑩
⑪
⑫
⑬
⑭
⑮
⑯
⑰

□12. 1906年に日本社会党が設立されたが、1910年の(⑱＿＿＿＿＿＿)を機に社会
主義者・無政府主義者が弾圧された。

【辛亥革命】
□13. 中国では義和団戦争以後、清が改革に転じる一方で、革命運動が広まった。
(⑲＿＿＿)は1905年東京で中国同盟会を組織した。中国同盟会は、民族・民権・
民生の(⑳＿＿＿＿＿)を掲げた。

□14. 1911年、武昌で革命派が蜂起したのをきっかけに(㉑＿＿＿＿＿)がおこっ
た。革命派は(⑲)を臨時大総統に選出し、1912年1月に南京で(㉒＿＿＿＿＿)
の成立が宣言された。

□15. 清の(㉓＿＿＿＿)は、(⑲)から臨時大総統の地位をゆずり受け、清朝最後の
皇帝である宣統帝(溥儀)を退位させた。

□16. 中華民国は、清の領土を受け継ぎ、漢・満・モンゴル・チベット・回の「五
族共和」をめざしたが、チベットやモンゴルで独立の動きがおこり、1924年
に(㉔＿＿)の影響のもと、モンゴル人民共和国が成立した。

【インド・東南アジアの民族運動】
□17. インドでは、1885年に(㉕＿＿＿＿＿＿＿)が結成され、しだいに民族運動
の中心となった。また、1906年にムスリムらによって親英的な全インド＝ム
スリム連盟も結成された。

□18. オランダ支配下のインドネシアでは、1912年に(㉖＿＿＿＿＿＿＿)が結成
され、民族運動が盛んになっていった。

□19. ベトナムでは、ファン＝ボイ＝チャウらがフランスからの独立をめざすと
ともに、日本へ留学生を派遣する(㉗＿＿＿＿＿)運動を展開した。

□20. フィリピンでは1896年にスペインの支配に対してフィリピン革命が始ま
ったが、1898年のアメリカ＝スペイン戦争後、アメリカ合衆国の植民地とな
った。

【西アジアの動き】
□21. 日露戦争後、(㉘＿＿＿＿)では立憲革命がおこり、国民議会の開設と憲法の
発布が実現したが、ロシアの軍事干渉によって抑圧された。

□22. 1908年、オスマン帝国では(㉙＿＿＿＿＿＿＿)がおこり、スルタンの大権
を廃した改正憲法のもとで議会が再開された。

⑱
⑲
⑳
㉑
㉒
㉓
㉔
㉕
㉖
㉗
㉘
㉙

第5章 1　第一次世界大戦とロシア革命

【バルカン半島での対立】

□1．20世紀初頭、列強の二極分化が進み、協商国と同盟国の対立が深まった。
　　対立の焦点となったバルカン半島は「(①　　　　　　　　　　)」と呼ばれた。

□2．1912年、セルビアやブルガリアなどの諸国は、ロシアの働きかけで(②
　　　　　　　　)をつくり、(③　　　　　　　)と戦って、翌13年勝利した(第1次
　　バルカン戦争)。しかし同年、同盟諸国間での戦争(第2次バルカン戦争)が生
　　じると、敗北したブルガリアはドイツ・オーストリアに接近した。

【第一次世界大戦の開戦】

□3．1914年6月、(④　　　　　　)でオーストリアの帝位継承者夫妻がセルビ
　　ア人に暗殺されたのをきっかけにオーストリアがセルビアに宣戦を布告し、
　　ドイツがロシアに宣戦を布告した。フランスやイギリスもつぎつぎと参戦し、
　　(⑤　　　　　　　　)となった。

□4．西部戦線では塹壕戦となり、膠着状態を打破するために、毒ガス・戦車・
　　飛行機といった新兵器が開発・投入された。東部戦線では(⑥　　　　)軍はロ
　　シア領ポーランドに侵入したが、決定的な打撃を与えられなかった。

□5．戦争は同盟国側と協商国(連合国)側にわかれて戦われた。オスマン帝国も
　　同盟国側に加わった。オーストリアと対立する(⑦　　　　　)は三国同盟にも
　　かかわらず当初は中立であったが、1915年に連合国側で参戦した。同年には
　　ブルガリアが同盟国側に加わった。

【総力戦】

□6．第一次世界大戦は、第2次(⑧　　　　　)によって発達した各国の産業力が
　　発揮されたことで、長期戦となった。そして、政府が経済活動を統制し、挙
　　国一致体制がしかれ、日常生活を大きく巻き込む(⑨　　　　)となった。

【日本の参戦】

□7．第一次世界大戦が始まると、日本は(⑩　　)での権益をさらに確実にする
　　ため参戦し、ドイツ領南洋諸島を占領し、山東省(⑪　　)のドイツ軍を破り
　　ドイツの東アジアにおける拠点を奪った。

【二十一カ条の要求】

□8．1915年、日本政府は中華民国の袁世凱政権に対して(⑫　　　　　　　)
　　を突きつけ、軍事的圧力を背景に要求の大部分を認めさせた。要求には山東
　　省のドイツ権益の継承、関東州の租借期限の99カ年延長、(⑬　　　　　　)
　　の日中共同経営などが含まれていた。

【戦時外交とアメリカ合衆国の参戦】

□9．第一次世界大戦中、秘密外交が繰り広げられた。イギリス・フランス・ロ
　　シアは、(⑭　　　　　　　　)でオスマン帝国領のアラブ地域の分割を取
　　り決めた。一方イギリスは、(⑮　　　　　　　　　　)でオスマン帝国
　　支配下のアラブ人に独立国家建設を約束し、(⑯　　　　　　　　)でパレスチ
　　ナにユダヤ人の「民族的な郷土」建設を認めた。3つの取決めは矛盾するも
　　のであった。

①
②
③
④
⑤
⑥
⑦
⑧
⑨
⑩
⑪
⑫
⑬
⑭
⑮
⑯

□**10.** アメリカ大統領ウィルソンは、1918年1月に発表した「（⑰　　　　　　）」の平和原則のなかで、秘密外交の廃止や国際平和機構の創設などを提唱した。

□**11.** アメリカ軍の連合国側での参戦、ロシアでの社会主義革命、ブルガリア・オスマン帝国の敗北、オーストリアの解体、ドイツ共和国の成立とヴィルヘルム2世の亡命（＝⑱　　　　　　）を経て、第一次世界大戦は終わった。

【第一次世界大戦の結果】

□**12.** 第一次世界大戦でヨーロッパ諸国は荒廃し、（⑲　　　　　　）の政治的・経済的な発言力が高まった。また社会主義政権が成立したロシアは、資本主義や帝国主義の強力な批判者として注目された。

□**13.** 総力戦を担った民衆は、より大きな政治的・社会的権利を要求するようになった。女性の社会進出も進み、女性と男性の権利を対等にすべきとの認識も、多くの国で広まった。

【ロシア革命】

□**14.** 第一次世界大戦の開戦後、1917年にロシアでは二月（三月）革命がおこり帝政が崩壊し、十月（十一月）革命で（⑳　　　　　）を指導者とするボリシェヴィキが史上初の社会主義政権を樹立した。このソヴィエト政権は、土地の私的所有を廃止して（㉑　　　　　）した。

【ロシアの内戦とソ連の成立】

□**15.** 1918年3月にロシアは同盟国と（㉒　　　　　　　　　）を結んだが、十月革命を認めない反革命勢力とソヴィエト政権とのあいだで内戦がおこった。革命の拡大をおそれる連合国はロシアに派兵し、反革命勢力を支援した（＝㉓　　　　　　）。

□**16.** レーニンは、赤軍をつくって内戦を戦い抜き、列強の干渉（かんしょう）もはね返し、（㉔　　　　　）（ボリシェヴィキから改称）の一党独裁体制を形成した。しかし1921年、きびしい統制経済体制に対する民衆の抗議活動が激しくなると、レーニンは（㉕　　　　　）を宣言し、市場経済を部分的に容認した。

□**17.** 1919年には、世界革命をめざす（㉖　　　　　　）がモスクワで結成された。旧ロシア帝国の周縁部では共産党によって民族単位の共和国がつくられ、1922年、ソヴィエト＝ロシアとこれらの民族共和国が連合し、（㉗　　　　　　　　　　　　）を結成した。

【日本のシベリア出兵】

□**18.** 日本も（㉘　　　　　）に出兵した。ソヴィエト政権打倒の見込みは立たず、1919年になると各国の軍隊は撤退を始めたが、日本は権益獲得や日本への共産主義流入防止などをねらって占領を続けた。

□**19.** （㉙　　　　　）を契機に、日本は資源獲得をねらって北樺太（からふと）（北サハリン）を占領した。長期間にわたる日本のシベリア出兵は国内外の批判を浴び、1922年10月に北樺太を除き撤兵した。北樺太については、1925年に（㉚　　　　　　）を締結し、同地の石油・石炭の権益獲得と引きかえに撤兵した。

⑰
⑱
⑲
⑳
㉑
㉒
㉓
㉔
㉕
㉖
㉗
㉘
㉙
㉚

国際平和と安全保障

【パリ講和会議と国際連盟の成立】

□ 1. 1919年1月に始まった第一次世界大戦の講和会議(＝① _____)では
アメリカ合衆国大統領の(② _____)が、「十四カ条」の平和原則にもとづ
いて公正な講和の実現を呼びかけた。

□ 2. ドイツと連合国の講和条約(＝③ _____)では、巨額の賠償金の
支払い、植民地の放棄、軍備の制限がドイツに課された。また、アルザスと
ロレーヌは(④ _____)に割譲され、ラインラントが非武装化された。

□ 3. パリ講和会議では、「十四カ条」に含まれた(⑤ _____)の理念にもとづき、
ポーランド・フィンランド・チェコスロヴァキア・ユーゴスラヴィア・ハン
ガリーなどの独立を承認したが、諸民族が混住する中央・東ヨーロッパ地域
に国境線を引いた結果、各国は少数民族の問題を抱えることとなった。

□ 4. パリ講和会議では、アジア・アフリカ地域については(⑥ _____)の発想
が優位を占め、オスマン帝国の統治下にあったアラブ地域はイギリスとフラ
ンスの、ドイツの植民地であった赤道以北の南洋諸島は日本の(⑥)領となっ
た。

□ 5. アジア・アフリカの人々はパリ講和会議の結果に失望し、朝鮮の(⑦ _____
_____)や中国の(⑧ _____)など、各地で抗議運動をおこした。

□ 6. 「十四カ条」にもとづき国際平和機構として(⑨ _____)が創設され、イギ
リス・フランス・イタリア・日本が(⑩ _____)となった。なお、アメリ
カが参加せず、ドイツやソヴィエト＝ロシアは排除された。

□ 7. (⑨)は、経済制裁はおこなったが、(⑪ _____)制裁の手段はもたなかった。
また、議決の方法は総会での全会一致であった。

□ 8. パリ講和会議によって定まった、ドイツへの処遇や、新たな独立国の承認、
国際連盟の成立などを、全体として(⑫ _____)体制と呼ぶ。

【ワシントン会議】

□ 9. アジア・太平洋地域の戦後秩序の確立のため、1921～22年にワシントン会
議が開かれた。この会議で成立した国際秩序を(⑬ _____)体制と呼ぶ。

□ 10. アメリカ・イギリス・日本・フランスのあいだに太平洋の島嶼の現状維持
を定めた(⑭ _____)が結ばれ、これにともない(⑮ _____)は解消
された。

□ 11. アメリカ・イギリス・日本・フランス・イタリアのあいだに(⑯ _____
_____)が結ばれ、アメリカ・イギリス・日本のあいだで主力艦の保有比率が
5：5：3と定められた。

□ 12. 中国についての(⑰ _____)は、中国の主権の尊重を定めるとともに、
経済上の(⑱ _____)・機会均等の原則も約束された。

【1920年代の西ヨーロッパ諸国】

□ 13. イギリスでは、第一次世界大戦で総力戦を担った国民のあいだに権利意識
が高まり、大戦末期の1918年、男性(⑲ _____)選挙が導入されるとともに、女
性参政権も認められた。1924年には初の労働党政権が実現した。

①
②
③
④
⑤
⑥
⑦
⑧
⑨
⑩
⑪
⑫
⑬
⑭
⑮
⑯
⑰
⑱
⑲

□14. 大戦に参加して発言権を高めたカナダ・オーストラリアなどのイギリスの自治領は、1931年の(⑳＿＿＿＿＿＿＿＿＿)憲章で本国と対等の地位を認められ、イギリス帝国はイギリス連邦(コモンウェルス)に再編された。

□15. 1919～21年のアイルランド独立戦争の結果、イギリスはアイルランド自由国の成立を認めたが、独立国ではなく(㉑＿＿＿＿)とし、北アイルランドは切り離されてイギリスに残された。

□16. 大戦で主戦場となり、ドイツへの反感が強かったフランスは、ドイツの賠償金返済がとどこおったことを理由に、1923年にベルギーとともにドイツのルール工業地帯を占領し(＝㉒＿＿＿＿＿)、国際的な非難を浴びた。

□17. 革命と敗戦によって混乱したドイツでは、社会民主党の政権下で社会権や男女平等の普通選挙権を含む民主的な(㉓＿＿＿＿＿＿＿)が制定されたが、ヴェルサイユ条約のきびしい内容に対する不満から、右派・中道諸政党を中心とした連立政権が頻繁に交替した。

□18. ドイツでは、きびしい経済情勢が続き、1923年のルール占領がきっかけで未曽有のインフレがおこった。1924年にアメリカの主導で、ドイツの賠償金返済の円滑化をはかる(㉔＿＿＿＿)が成立した。

□19. パリ講和会議で、イタリアは期待していた領土拡張が実現できず、民衆と地主や資本家など国民間の対立が深まったが、(㉕＿＿＿＿＿)が(㉖＿＿＿＿＿)を結成して民衆運動を攻撃し、保守的な武装勢力をまとめていった。

□20. 1922年、(㉕)は政権獲得をめざして(㉗＿＿＿＿＿＿)を敢行し、首相に任命された。また、共産党や労働組合などを弾圧し、1926年に(㉖)の独裁体制を樹立した。

【国際協調の模索】

□21. ルール占領の失敗は、各国の対ドイツ強硬路線を転換させた。1925年、ドイツの外務大臣シュトレーゼマンはフランスの外務大臣ブリアンと協力して、ドイツを含む7カ国で(㉘＿＿＿＿＿＿)を結び、ラインラントの非武装化などを再確認した。また、翌年にドイツは常任理事国として(㉙＿＿＿＿)に加盟した。

□22. 1928年に、アメリカ国務長官ケロッグとフランスの外務大臣ブリアンの主導で、日本も含む15カ国が参加する(㉚＿＿＿＿＿)が成立した。

⑳	
㉑	
㉒	
㉓	
㉔	
㉕	
㉖	
㉗	
㉘	
㉙	
㉚	

【第一次世界大戦と民族運動】

□1. 第一次世界大戦では、ヨーロッパ諸国が（①＿＿＿）の協力を得る必要から、自治や独立の約束をしたが、インドや旧オスマン帝国内のアラブ地域では、約束が実現されず、人々の反発をまねいた。

□2. 第一次世界大戦では、ヨーロッパでの戦争による物資不足にともない、アジア諸国の工業が発展し、工業労働者を中心に都市住民が増え、こうした人々が大衆的政治運動の担い手となった。

□3. 第一次世界大戦の戦後処理の方針として（②＿＿＿）の原則がとなえられたが、この原則はアジア・アフリカの植民地には適用されなかった。

□4. ロシアの革命政権はアジアの民族運動と協力する方針を打ち出し、その後、コミンテルンの指導下にアジア・アフリカ各国で（③＿＿＿）が結成されて、民族運動の有力な一翼を担った。

【東アジアの民族運動】

□5. 第一次世界大戦後、日本統治下の朝鮮では独立の要求が高まり、1919年に（④＿＿＿）がおこった。運動は鎮圧されたが、従来の強圧的な武断政治がゆるめられ、「（⑤＿＿＿）」と呼ばれる政策へと転換した。

□6. パリ講和会議で、（⑥＿＿＿）で日本に認めさせられた権益の返還などが認められなかったことから、中国では（⑦＿＿＿）がおこり、中国代表団はヴェルサイユ条約の調印を拒否した。運動の背景には新文化運動があった。

【国民党と共産党】

□7. 新文化運動を担った陳独秀らはロシア革命の影響を受けて1921年に（⑧＿＿＿）を結成し、同じ頃、孫文は新たな革命政党として（⑨＿＿＿）を発足させた。

□8. 1924年、（⑨）は（⑧）との協力体制をつくり（＝⑩＿＿＿）、26年、根拠地の広州から蔣介石の率いる軍隊を北上させた（＝⑪＿＿＿）。

□9. 1927年、共産党の指導する農民運動が激化したため、国民党の蔣介石は上海でクーデタをおこして共産党を弾圧し、南京に（⑫＿＿＿）を立てた。共産党は江西省の山岳地帯に根拠地を築いて勢力を広げ、1931年には瑞金で（⑬＿＿＿）を主席とする中華ソヴィエト共和国臨時政府を立てた。

□10. 国民党は北伐を続け、満洲の軍事指導者であった張作霖の死後、子の（⑭＿＿＿）が（⑫）に合流したことで、中国の統一を達成した。国民党のもと、関税自主権の回復がなされるなど、経済成長の基礎づくりが進められた。

【インドの民族運動】

□11. インドは、第一次世界大戦への協力の見返りにイギリスから（⑮＿＿＿）を約束されていたが、大戦後に制定されたインド統治法は（⑮）とはほど遠い内容であった。

□12. （⑯＿＿＿）は1920年の国民会議派大会で非協力運動の方針を示し、大衆的な非暴力の民族運動を掲げた。

①〜⑯（解答欄）

□**13.** 1929年の国民会議派大会では、ネルーらが完全独立（＝⑰_____
_____）を決議し、30年に(⑯)は「(⑱_____)」と呼ばれる抵抗運動を開始した。イギリスは1935年のインド統治法で各州の自治を認めた。

□**14.** ジンナーを指導者とする全インド＝ムスリム連盟は、1940年にはイスラーム国家(⑲_____)の建設を目標に掲げた。

【東南アジアの民族運動】

□**15.** アメリカ合衆国支配下の(⑳_____)では、1916年の(⑳)自治法で将来の独立がうたわれ、1935年には独立準備政府が発足した。

□**16.** オランダ支配下のインドネシアでは、1927年に(㉑_____)がインドネシア国民党を結成し、独立を訴えた。

□**17.** イギリスが支配するビルマでは、1930年に学生を中心に結成された(㉒_____)が社会主義国ビルマの独立をとなえたが、弾圧を受けた。

□**18.** フランス領インドシナ連邦のベトナムでは(㉓_____)らによって1930年にインドシナ共産党が結成されたが、フランスはこれを弾圧した。

□**19.** タイでは国王による専制的王政が続いていたが、1932年に(㉔_____)がおこり、立憲君主政となった。

【アフリカの民族運動】

□**20.** 南アフリカで先住民民族会議(23年にアフリカ民族会議〈ANC〉と改称)が結成され、カリブ地域のアフリカ系知識人を中心に(㉕_____)主義運動が生まれた。この両者によってアフリカの解放と独立がめざされた。

【西アジアの情勢】

□**21.** 第一次世界大戦後、解体の危機に瀕したオスマン帝国では、(㉖_____)(のちのアタテュルク)が、スルタン制を廃止して1923年に連合国とローザンヌ条約を結び、トルコ共和国を樹立して近代化をめざした。

□**22.** ユダヤ人の「民族的な郷土」の建設を認める(㉗_____)と、アラブ人に独立を約束する(㉘_____)という2つの矛盾する約束によって、イギリス委任統治下のパレスチナには深刻な問題が発生した。ユダヤ人の入植が進むにつれて、パレスチナではアラブ人とユダヤ人とのあいだに緊張が高まっていった。

□**23.** アフガニスタンは戦後にイギリスと戦って完全な独立を果たし、イランではレザー＝ハーンがガージャール朝を廃して新たに(㉙_____)を開いて近代化を進めた。

⑰	
⑱	
⑲	
⑳	
㉑	
㉒	
㉓	
㉔	
㉕	
㉖	
㉗	
㉘	
㉙	

【大衆消費社会の到来とアメリカ合衆国の繁栄】

□1．第一次世界大戦で国土が戦場とならなかった（①＿＿＿＿＿＿＿）は、ヨーロッパ諸国に資金を提供して債権国（さいけん）になり、戦後の国際社会においてもっとも大きな政治的・経済的な発言力をもつようになった。

□2．アメリカでは大量生産・大量消費・大衆文化を特徴とする、（②＿＿＿＿＿）が出現し、ほかの地域に先んじて新しい時代に入った。

□3．流れ作業と部品の均一化により（③＿＿＿＿）・低価格を実現した自動車会社経営者（④＿＿＿＿）の革新的な経営・生産方式は、第一次世界大戦後には自動車産業以外の様々な産業部門に広がった。冷蔵庫・洗濯機・ラジオといった家電製品が大量に生産され、手頃な価格で販売された。

【中間層と大衆文化】

□4．1920年代のアメリカでは、（⑤＿＿＿＿＿＿）を中心とする都市中間層が大量生産・大量消費を支えて社会の中核となり、映画・スポーツ観戦・タブロイド新聞・ラジオ放送などを均質な大衆が享受（きょうじゅ）する（⑥＿＿＿＿＿）が広まった。大衆消費社会は、アメリカから各地に広まっていった。

【アメリカ社会と人種差別】

□5．第一次世界大戦後のアメリカでは、黒人が白人とともに大戦に参加したことで権利意識を高めたが、保守層はこれに反発し、人種差別団体（⑦＿＿＿＿＿＿＿＿＿）が勢いを得て、黒人や移民に暴力を加えた。

□6．1924年のアメリカ合衆国の（⑧＿＿＿＿）は、東ヨーロッパ・南ヨーロッパからの移民を著しく規制したほか、日本を含む（⑨＿＿＿＿）からの移民を禁止し、日米間の摩擦（まさつ）の原因となった。

【日本における教育の発達と都市化の進展】

□7．日本では、明治時代末期に（⑩＿＿＿＿）の就学率がほぼ100％となり、1920年代末期には中等教育段階への進学率も３割前後となった。中等教育からは英語や外国史を教えたため、欧米文化に親しむ人が増えた。

□8．大都市では、洋服を着て官庁や会社の事務所に通勤するサラリーマンがめだつようになり、男性と対等に仕事をこなす「（⑪＿＿＿＿）」も現れた。

□9．都市の住民は、休日には映画館やデパートに出かけるようになり、トンカツのような（⑫＿＿＿）を食堂やレストランで食べたり、東京や大阪では私鉄が郊外に建設した遊園地に出かけたりする人々も現れた。

【日本の大衆文化と消費文化】

□10．日本でも、大衆文化・消費文化が都市部を中心に広まった。映画は大衆娯楽の代表的存在となり、総合雑誌『改造』、月刊誌『キング』、改造社『現代日本文学全集』発刊に始まる（⑬＿＿＿）ブームなど、大量出版も始まった。

□11．新聞では、1920年代中頃に有力全国紙が100万部達成を宣言し、以後、各新聞社は様々なイベントの企画や戦争報道で部数競争を続けていった。ラジオ放送は1925年に東京で開始され、翌年には準国営の（⑭＿＿＿＿＿）に統合された。

①
②
③
④
⑤
⑥
⑦
⑧
⑨
⑩
⑪
⑫
⑬
⑭

【大正政変】

□1．1912年、第2次西園寺公望内閣が財政難を理由に陸軍の2個師団増設要求を拒否したため、陸軍は(①_____)を使って陸軍大臣を辞職させて後任を出さず、内閣を総辞職に追い込んだ。

□2．山県有朋ら元老たちの協議により第3次桂太郎内閣が成立すると、立憲国民党の犬養毅、立憲政友会の(②_____)を中心とする政党の一部や言論界が、「閥族打破・憲政擁護」を掲げて倒閣運動を始め、運動は全国に拡大した(＝③_____)。この運動の結果、桂内閣は退陣した(大正政変)。

□3．桂は立憲政友会に対抗できる新党をつくって政権を維持しようとしたが果たせず、退陣後まもなく病死したが、その後、桂の新党は(④_____)として結成された。

□4．第3次桂内閣ののちに成立した第1次山本権兵衛内閣は、立憲政友会を与党とし、軍部大臣現役武官制の現役規定を削除するなど「デモクラシー」の拡大につとめたが、海軍の汚職事件(＝⑤_____)で退陣した。

【第一次世界大戦と米騒動】

□5．第2次大隈重信内閣は、第一次世界大戦に参戦し、中国に対して(⑥_____)をおこなったが、これらが国際的に日本の不信をまねいたとして元老たちの非難を浴び、閣僚の汚職事件もあって退陣した。

□6．第一次世界大戦勃発によってヨーロッパからの輸出がとまったため、日本における重化学工業・繊維業・造船業の生産は急増し、日本の貿易収支は大幅な黒字に転じ、好況となった(＝⑦_____)。

□7．1918年、(⑧_____)にともなう米の買占めで国内の米の価格が暴騰したため、全国各地で暴動が発生した(＝⑨_____)。寺内正毅内閣は軍隊も動員してこれを鎮圧したが、混乱の責任をとって総辞職した。

□8．寺内内閣のあと、原敬内閣が成立した。原内閣は、陸軍・海軍大臣と外務大臣以外を立憲政友会員が占めたため、初の本格的(⑩_____)ともいわれる。

【普通選挙運動】

□9．1918年にイギリスで男性普通選挙が実現したこともあり、原内閣の時期には、憲法学者美濃部達吉の(⑪_____)と政治学者吉野作造の(⑫_____)を思想的な背景として、普通選挙運動(普選運動)が盛んになった。

□10．原首相は、普選運動や労働・社会運動の過熱から革命が日本に波及することを恐れ、普選は時期尚早であるとして、有権者の納税資格を(⑬___)円から3円に引き下げるにとどめた。

【労働運動と社会運動】

□11．第一次世界大戦終結を機に、欧米では労働組合の国際組織の再建がめざされ、1919年に国際労働組合連盟が創立された。また同年ヴェルサイユ条約によって、政府・労働組合・使用者の3者が対等な立場で労働問題について国際的に協議する(⑭_____)も設立された。

①
②
③
④
⑤
⑥
⑦
⑧
⑨
⑩
⑪
⑫
⑬
⑭

□12. 国際的な動きに刺激され、日本でも八幡の官営製鉄所などの大規模工場を中心に、(⑮_____)が多発した。農村では、日本農民組合が結成された1922年に(⑯_____)が急増し、1924年に小作調停法が制定された。

□13. 女性運動は19世紀中頃以降、欧米を中心に盛んとなった。1904年には国際(⑰_____)同盟が結成され、第一次世界大戦勃発前後まで、ヨーロッパ各地で(⑰)獲得を掲げたデモなどがおこなわれた。

□14. 日本では、1920年に発足した(⑱_____)が女性の地位向上を主張し、22年に(⑲_____)改正で女性の政談演説会への参加が認められ、24年に婦人参政権獲得期成同盟会が結成されるなど、女性参政権を求める運動が高揚した。

□15. 1922年には、(⑳_____)が結成され、部落解放運動が本格化した。

□16. ロシア革命の影響で共産主義への関心も高まり、1922年に堺利彦らによって秘密裏に(㉑_____)が結成され、コミンテルンの日本支部となった。

【関東大震災】

□17. 1923年9月1日、関東大震災がおこった。東京・横浜では火災が多発し、10万人以上の死者がでた。また、多数の企業が被災したため、大量の不良債権(=㉒_____)が発生して景気は停滞した。

□18. 関東大震災の混乱のなかで、軍隊だけでなく外国も含めた、様々な(㉓_____)による救護活動がおこなわれたが、流言から自警団などによる朝鮮人や中国人に対する多くの殺傷事件もおこった。さらに、(㉔_____)ら社会主義者、労働運動家が憲兵隊や警察・軍隊によって拘束・殺害される事件もおきた。

【普通選挙法と治安維持法】

□19. (㉕_____)内閣は、官僚や与党議員の汚職問題や、戦後恐慌への対応の不十分さから世論の批判を浴び、1921年に(㉕)は東京駅で暗殺された。

□20. 立憲政友会(高橋是清)・憲政会(加藤高明)・革新倶楽部(犬養毅)の(㉖_____)は「憲政擁護・普選実現」を掲げて1924年6月の総選挙で勝利し、加藤高明を首相とする(㉖)内閣が成立した(=㉗_____)。

□21. 加藤高明内閣では、1925年に(㉘_____)が制定された。また同年、日ソ基本条約締結で日ソ間の国交が樹立されたことから、共産主義革命の防止に必要だとして、天皇制や資本主義の否定をはかる者を罰する(㉙_____)も同時に制定された。

⑮
⑯
⑰
⑱
⑲
⑳
㉑
㉒
㉓
㉔
㉕
㉖
㉗
㉘
㉙

【世界恐慌の発生】

□**1**．1929年10月、アメリカ合衆国のニューヨーク株式市場で株価が暴落して、恐慌が始まり世界中に広がった(=「①＿＿＿＿＿＿」)。

□**2**．ヴェルサイユ条約で定められた(②＿＿＿＿)の賠償金(ばいしょうきん)支払いは、アメリカの資金供与に支えられていたため、アメリカの恐慌はヨーロッパ諸国に波及した。

□**3**．世界恐慌がおこったおもな原因としては、アメリカの(③＿＿＿＿)の価格が下がり農民の収入が減って購買力が低下したこと、(④＿＿＿＿)による供給過多、アメリカに世界の資本が過度に集中していたことなどがある。

【金本位制からの離脱と世界経済のブロック化】

□**4**．世界恐慌の発生当時、各国は金本位制をとっていたが、自国通貨が売られて自国の金が流出することを防ぐために、(⑤＿＿＿＿＿＿)へと移行した。

□**5**．イギリスは、イギリス連邦内部では関税を下げ、連邦域外に対しては関税を上げて、スターリング(ポンド)=ブロックを形成し、広大な海外植民地をもつフランスも、フラン=ブロックをつくった(=⑥＿＿＿＿＿＿)。

□**6**．世界経済のブロック化が進むと、ドイツ・イタリア・日本といった、広大な植民地をもたない国々は経済的に不利な立場におかれ、反発を強めた。

【アメリカのニューディール】

□**7**．1933年に大統領に就任した民主党のフランクリン=ローズヴェルトは、「(⑦＿＿＿＿＿＿)」という合言葉のもと国家による積極的な経済介入路線をとり、農業調整法や(⑧＿＿＿＿＿＿＿)による大規模公共事業などの政策をつぎつぎと打ち出した。

□**8**．ローズヴェルトは、外交の転換をおこない、ラテンアメリカ諸国には「(⑨＿＿＿＿)」を標榜(ひょうぼう)して、干渉(かんしょう)しない姿勢をとった。

【ソ連の社会主義】

□**9**．ソ連では、1924年にレーニンが死去したのち、一国社会主義論を提起した(⑩＿＿＿＿)が、世界革命路線を重視するトロツキーを退け、指導者の地位を得た。

□**10**．1922年にドイツがソヴィエト=ロシアと(⑪＿＿＿＿)によって国交を結び、これにつづいて、イギリスやフランスも国交を結んでソ連を承認した。日本も1925年に(⑫＿＿＿＿)を結び、占領していた北樺太(からふと)(北サハリン)から撤兵した。さらに、1933年にはアメリカもソ連の承認に踏みきった。

□**11**．新経済政策による市場経済のもと、ソ連では貧富の格差が大きくなり、労働者の不満がつのった。これに対して、スターリンは全面的な社会主義の建設へと舵(かじ)を切り、計画経済体制を導入して(⑬＿＿＿＿)を進めた。

□**12**．1930年代初頭までに、ソ連の工業生産量は急速に増大し、世界恐慌に苦しむ資本主義諸国は、ソ連の成果に強い衝撃を受けた。ドイツや日本など、(⑭＿＿＿＿)を部分的に取り入れる国も現れた。

①	
②	
③	
④	
⑤	
⑥	
⑦	
⑧	
⑨	
⑩	
⑪	
⑫	
⑬	
⑭	

ファシズムの台頭

【ファシズム体制の広がり】

□1. 1920年代にイタリアで生まれた(① _____)体制は、世界恐慌後にドイ
ツにも広まった。ドイツにおけるこの体制を、とくにナチズムと呼ぶ。

□2. (①)体制のもとでは、独裁的な指導者が一党制をしき、言論など社会生活
をきびしく統制した。極端なナショナリズムと(② _____)を掲げるとと
もに、ユダヤ人などの民族的少数者を迫害した。また、対外的には(③ ____
_____)体制の転覆をめざし、軍備拡大と領土拡張を追求した。

【ドイツのナチズム】

□3. 世界恐慌が直撃したドイツでは、(④ _____)の率いる国民社会主義ドイ
ツ労働者党(ナチ党、ナチス)が、攻撃的なナショナリズムを掲げて選挙で躍
進した。1932年にナチ党は第一党となり、33年に(④)が組閣した。

□4. 全権委任法で独裁的な権限を得た(④)は、ナチ党以外の政党を禁止し、
1934年には絶対的な指導者である(⑤ ____)となった。

□5. ナチス政権は、計画経済の要素を取り入れて(⑥ _____)をおこない、失
業を急速に解消した。一方でユダヤ人や障害者・同性愛者らを迫害した。

□6. ドイツは1933年に(⑦ _____)からの脱退を表明し、35年には再軍備を
宣言した。さらに1936年にはラインラントの非武装地帯に進駐した。

【1930 年代のヨーロッパ】

□7. (⑧ _____)の率いるイタリアは勢力圏の拡大をはかり、1935年にエ
チオピアに侵攻し、翌年に併合した。また、ドイツに接近した。

□8. 1930年代のソ連は、指導者崇拝・一党制・言論統制など多くの点でファシ
ズム体制と類似していたが、(⑨ _____)を基本理念とするソ連は、極端な
ナショナリズムを基本理念とするファシズム体制と、根本で対立した。

□9. (⑩ ____)は、反共主義を掲げるナチス政権に対して批判的な姿勢を明確に
打ち出し、1934年には国際連盟に加盟して、常任理事国となった。

□10. フランスでは、1936年に社会党を中心とする反ファシズムの(⑪ _____)
内閣が成立したが、経済危機を克服できず、翌年に退陣した。

□11. スペインでも、1936年に(⑪)政府が成立したが、軍部や地主などの保守勢
力を率いる(⑫ _____)が反乱をおこし(スペイン内戦)、ドイツとイタリア
の支援を得て1939年に独裁体制を成立させた。

【ドイツの拡張政策】

□12. 領土拡張をめざすドイツは、1938年に(⑬ _____)を併合し、さらに
チェコスロヴァキア領内のドイツ人居住地域ズデーテンの併合を認めるよう
求めた。

□13. ドイツに対して宥和政策をとるイギリス・フランスが、(⑭ _____)
でズデーテン併合を認めると、ドイツはさらにスロヴァキアを独立させて支
配下におき、チェコ(ベーメン・メーレン)を保護領とした。

□14. 1939年8月、ソ連とドイツは突然に(⑮ _____)を締結し、世界中
に衝撃を与えた。

①
②
③
④
⑤
⑥
⑦
⑧
⑨
⑩
⑪
⑫
⑬
⑭
⑮

【政党内閣と金融恐慌】

□1．普通選挙法制定によって、日本でもイギリスなどを模範とした二大政党による政党政治(=「①＿＿＿＿＿」)の確立が期待された。

□2．1924年に加藤高明内閣で外務大臣となった幣原喜重郎は、中国の関税自主権回復を支持するなど、協調外交を進めた(=②＿＿＿＿＿)。

□3．大戦景気後、(③＿＿＿＿＿)からの回復は遅く、不良債権(震災手形)の処理が進まないなか、三井・三菱などの大財閥が政界・財界への影響力を強めた。

□4．1927年3月、大蔵大臣の失言で銀行の危機的な状況が明らかになり、銀行に預金者が殺到して、銀行は営業を停止する事態となった(=④＿＿＿＿＿)。

□5．若槻礼次郎内閣は台湾銀行救済の緊急勅令を枢密院に否決されて退陣し、あとを継いだ田中義一内閣は(⑤＿＿＿＿＿)を発し、日本銀行から巨額の救済融資をおこなって恐慌をしずめた。

□6．1928年2月、普通選挙法による初の総選挙で無産政党各派から8人が当選すると、田中内閣は共産党を弾圧するとともに、(⑥＿＿＿＿＿)を改正した。

【協調外交と世界恐慌】

□7．対中外交を軟弱とみた関東軍は、1928年6月に満洲の軍事指導者(⑦＿＿＿＿＿)を暗殺した。

□8．1930年、浜口雄幸内閣は(⑧＿＿＿＿＿)をおこなったが、世界恐慌の影響で輸出が大幅に減少し、日本は深刻な不況となった(=⑨＿＿＿＿＿)。

□9．浜口内閣がロンドン海軍軍備制限条約を締結すると、海軍や右翼などの一部は、天皇の統帥権を侵犯したとして批判した(=⑩＿＿＿＿＿)。

【満洲事変と政党内閣の終焉】

□10．関東軍の石原莞爾らは、1931年9月に南満洲鉄道の線路を爆破し(=⑪＿＿＿＿＿)、これをきっかけに関東軍が満洲全域を占領した(=⑫＿＿＿＿＿)。

□11．日本の陸軍は、1932年3月に清の最後の皇帝(⑬＿＿＿＿＿)を執政として現地の有力者たちに(⑭＿＿＿＿＿)を建国させた。

□12．1932年5月15日、海軍青年将校たちは、(⑭)承認に消極的な犬養 毅 首相を暗殺した(=⑮＿＿＿＿＿)。事件後に成立した斎藤 実 内閣は日満議定書に調印して(⑭)を承認した。(⑭)は、実際には日本の傀儡国家であった。

□13．1933年、(⑭)は認められないとする(⑯＿＿＿＿＿)調査団の報告書にもとづく日本への勧告案が国際連盟の総会で採択されたため、日本は国際連盟に脱退を通告した(1935年発効)。

【恐慌からの回復】

□14．(⑰＿＿＿＿＿)大蔵大臣は、(⑱＿＿＿＿＿)をおこない、円安を利用して輸出を促進した。また、朝鮮や満洲国における重化学工業の振興をはかり、軍備拡大や農村向けの公共事業をおこなったことで、日本は列強のなかでもっとも早く世界恐慌から脱出した。

□15．政府は(⑲＿＿＿＿＿)も推進したが、農村経済の停滞は続いた。農村の人口過剰が問題とされ、満洲国への農業移民が奨励された。

①
②
③
④
⑤
⑥
⑦
⑧
⑨
⑩
⑪
⑫
⑬
⑭
⑮
⑯
⑰
⑱
⑲

日中戦争と国内外の動き

【天皇機関説事件と二・二六事件】

☐1. 1935年、天皇機関説事件がおこったため、岡田啓介内閣は(① _____ ____)を出した。さらに文部省は、1937年に『国体の本義』を刊行した。

☐2. 陸軍内では皇道派と統制派の対立が生じ、皇道派青年将校の一部は1936年 2月26日にクーデタをおこした(=② _____)。高橋是清大蔵大臣・斎藤 実 前首相らを殺害し、東京の官庁街を占拠したが、まもなく鎮圧された。

☐3. (②)のあと、統制派が陸軍内での主導権を確立する一方、陸軍の政治的発言力は高まった。

☐4. 国際的孤立を深めていた日本は、(③ _____)に対抗するためとして、1936年11月にドイツと防共協定を結んだ(日独防共協定)。その後、イタリアが加入して日独伊三国防共協定となった。

【日中戦争の勃発】

☐5. 1933年に満洲事変の停戦協定(塘沽停戦協定)が結ばれたが、日本の陸軍は (④ _____)工作を進めた。

☐6. 抗日より共産党撲滅を優先していた蔣介石は、1936年、西安で張学良に監禁・説得され、抗日のため共産党との妥協に転換した(=⑤ _____)。

☐7. 1937年7月、北京郊外でおきた日中両軍の小さな衝突(=⑥ _____)が本格的な戦争に発展し、(⑦ _____)が始まった。

☐8. 近衛文麿内閣は、1937年9月に(⑧ _____)を開始して日中戦争を「聖戦」と意義づけ、10月には企画院を設置するなど戦時統制経済も開始した。

☐9. 1938年4月に日本政府は、帝国議会の強い反対をおし切って、戦時の経済や言論に対する政府の大幅な裁量権を認める(⑨ _____)を制定した。

☐10. 蔣介石政権との和平交渉に挫折した日本は、中国に親日政権をつくることをねらい、1938年11月に(⑩ _____)声明を発し、1940年には南京に(⑪ _____)政権を成立させたものの、政権は無力で、失敗に終わった。

☐11. 1937年12月の南京事件などで日本への国際的な批判が高まり、1939年7月、アメリカは(⑫ _____)の廃棄を通告した。

【新体制運動と三国同盟】

☐12. 1940年6月に近衛文麿を中心とした(⑬ _____)が始まると、ほぼ全政党が解党してこの運動に参加した。

☐13. 近衛内閣は、中国援助ルート(=⑭ _____)を遮断するため1940年9月にフランス領インドシナ連邦北部への進駐(北部仏印進駐)をおこなうとともに、(⑮ _____)を締結し、アメリカ・イギリスを牽制しようとした。

☐14. 1940年10月に政党や様々な団体を統合し、近衛首相を総裁として(⑯ _____)が結成された。この組織は、隣 組や産業報国会など、各種戦争協力団体の統括組織となった。また翌年、小学校が(⑰ _____)に改組された。

☐15. 朝鮮、台湾などの植民地でも、住民を戦争に協力させるため、「(⑱ _____)」政策や、志願兵制度が実施された。

①
②
③
④
⑤
⑥
⑦
⑧
⑨
⑩
⑪
⑫
⑬
⑭
⑮
⑯
⑰
⑱

【開戦とドイツの攻勢】

□ **1**．1939年9月、ドイツがポーランドに侵攻し、第二次世界大戦が始まった。ポーランドは、東側からは(① 　　　　)に侵攻され、分割占領された。ドイツがポーランドに侵攻すると、イギリスとフランスはドイツに宣戦布告した。

□ **2**．1940年6月にはフランスがドイツに降伏した。ドイツがフランス北部を占領し、残りはペタンを首班にドイツの衛星国となった(=② 　　　　)。一方、フランスの軍人ド=ゴールはロンドンに亡命政府をつくった。

□ **3**．1941年半ばまでに、ドイツとイタリアは、ヨーロッパの大半をおさえたが、その占領地域では(③ 　　　　)と呼ばれる抵抗運動が繰り広げられ、パルチザンと呼ばれる反ファシズムのゲリラ部隊も各地で活動した。

【独ソ戦】

□ **4**．1941年6月、(④ 　　　　)を破ってドイツがソ連への侵攻を開始すると、ソ連の赤軍は総崩れとなり、後退を重ねた。この独ソ戦の勃発<ぼっぱつ>は、イギリス・ソ連・アメリカ合衆国の接近をうながした。

□ **5**．1941年8月には、アメリカ大統領フランクリン=ローズヴェルトとチャーチルが大西洋上で会談し、「(⑤ 　　　　)」を発表した。

【日米交渉と太平洋戦争】

□ **6**．日本は、アメリカを牽制<けんせい>するため1941年4月に(⑥ 　　　　)を結んだうえで、経済制裁解除のため日米交渉を開始した。

□ **7**．日本は石油資源確保のため、1941年7月に(⑦ 　　　　)に進駐したが、これはアメリカによる在米日本資産の凍結と対日石油全面禁輸をまねいた。

□ **8**．近衛文麿<このえふみまろ>首相は日米交渉を継続したが、戦争継続を主張する陸軍を説得できずに退陣し、近衛内閣の陸軍大臣だった(⑧ 　　　　)が組閣した。

□ **9**．1941年12月1日の御前会議<ごぜん>でアメリカ・イギリスとの開戦が決定した。日本は、12月8日に自衛を名目にイギリス領のマレー半島への上陸作戦やハワイの真珠湾への奇襲攻撃をおこなって、(⑨ 　　　　)を開始した。

□ **10**．日本は1942年5月までに太平洋一帯の広大な領域を制圧したが、同年6月の(⑩ 　　　　)で大敗し、圧倒的な工業生産力をもつアメリカが攻勢に転じた。

□ **11**．日本は、配給制・(⑪ 　　　　)制や代用品の奨励<しょうれい>、金属の供出、(⑫ 　　　　)出陣、(⑬ 　　　　)動員、中国などからの労働者の強制連行、朝鮮や台湾での(⑭ 　　　　)施行など、国民や植民地・占領地の人々の生活を切り詰めて、軍需物資の増産や兵力・労働力の補充・増強につとめた。

【ファシズム諸国の敗北】

□ **12**．ソ連は、アメリカの武器貸与法にも助けられ、1942年6月に始まる(⑮ 　　　　)では、半年におよぶ激戦の末に赤軍が勝利し、これ以降、独ソ戦の戦局はソ連が優勢となっていった。

□ **13**．1943年5月、スターリンは(⑯ 　　　　)を解散して、イギリス・アメリカとの協力体制をより確実なものにした。

①
②
③
④
⑤
⑥
⑦
⑧
⑨
⑩
⑪
⑫
⑬
⑭
⑮
⑯

□**14.** 1943年7月には連合国がシチリアに上陸し、9月にイタリアが降伏した。ドイツは敗色が濃くなるなか、ポーランドに設けたアウシュヴィッツなどの強制収容所で、ユダヤ人の殺害を続けた(=⑰_____)。

□**15.** 1943年11月にエジプトのカイロで開かれた、ローズヴェルト・チャーチル・(⑱_____)の会談では、対日戦の基本方針が決められた(カイロ会談)。

□**16.** テヘラン会談を受けて、1944年6月、連合国軍が北フランスの(⑲_____)に上陸した。8月にはパリが解放されてヴィシー政府も崩壊し、(⑳_____)が政権の座についた。赤軍も東ヨーロッパ諸国を事実上の支配地域としつつ、ベルリンへと進軍した。

□**17.** 1945年2月にはソ連の(㉑_____)で、ローズヴェルト・チャーチル・スターリンが会談をもち、ソ連の対日参戦への合意と引きかえに、アメリカは南樺太と(㉒_____)をソ連が領有することを認めた。

□**18.** 1945年4月にはヒトラーが自殺し、ベルリンはソ連軍に占領され、5月にドイツは降伏した。

【日本の敗北】

□**19.** アメリカ軍は1945年に入ると都市への無差別爆撃を開始し、3月には(㉓_____)に大規模な空襲をおこなった。

□**20.** 3月末には(㉔_____)が始まり、4月にアメリカ軍が沖縄本島に上陸した。日本軍は住民まで動員して抵抗したが、多くの犠牲を出して、日本軍の組織的な戦闘は終了した。

□**21.** 7月下旬、日本に対し即時無条件降伏を求める(㉕_____)が発せられた。日本政府はこれを無視してソ連の仲介に期待したが、ソ連はヤルタ会談で対日参戦を決めていたため応じなかった。

□**22.** アメリカ軍によって8月6日に(㉖_____)に史上はじめて原子爆弾(原爆)が投下され、8日にソ連が参戦し、9日には(㉗_____)にも原爆が投下された。

□**23.** 日本は、ようやく8月14日の御前会議において、ポツダム宣言の受諾(事実上の無条件降伏)を決定して連合国に通告し、国民に対しては8月15日正午、終戦の詔書がラジオで放送された(=「⑳_____」)。

□**24.** 南樺太や満洲では、ポツダム宣言受諾の通告後もソ連軍の侵攻が続き、犠牲者が出た。9月2日の降伏文書調印により、戦争は終結した。

【第二次世界大戦の結果】

□**25.** 第二次世界大戦を経て、ヨーロッパの地位は著しく低下した。それにかわって、(㉙_____)が戦後世界のリーダーとして立ち現れ、ソ連も影響力を高めた。

□**26.** 第二次世界大戦は、民主主義を掲げる連合国と、それを否定する(㉚_____)との対決という性格をおび、民主主義陣営の勝利に終わった。

□**27.** 第二次世界大戦の過程で、アジア・アフリカにおける植民地支配体制は大きくゆらぎ、戦後に向けて独立の展望が大きく切りひらかれた。

⑰	
⑱	
⑲	
⑳	
㉑	
㉒	
㉓	
㉔	
㉕	
㉖	
㉗	
㉘	
㉙	
㉚	

【新たな国際秩序】

□1．1945年10月、アメリカ合衆国のニューヨークに本部をおいて、（①　　　　　　　　）が発足した。

□2．国際連盟には実効力がなかったという反省から、（①）では、国際平和維持のために軍事力を行使できる（②　　　　　　　　）が設けられた。

□3．（②）は、米・ソ・英・仏・中（中華民国）の（③　　　　　　　　）と総会の選挙で選ばれる（④　　　　　　　　）から構成され、（③）には拒否権が与えられた。一方、総会の意思決定は多数決によることになった。

□4．第二次世界大戦後、ブロック経済により世界が分断された1930年代の反省から、国際経済の安定と一体性を守るため、アメリカを中心に整えられた制度の全体を、（⑤　　　　　　　　）体制と呼ぶ。

□5．戦後の国際通貨体制では、アメリカのドルと（⑥　）との交換率を固定した、金ドル本位制が導入され、ドルとほかの通貨の交換比率が定められた。

□6．ブレトン＝ウッズ体制のもと、収支が悪化した国の援助のため国際通貨基金（＝⑦　　　　）や国際復興開発銀行（IBRD）がつくられ、貿易の自由化を進めるため、関税及び貿易に関する一般協定（＝⑧　　　　　　）が締結された。

【米ソ対立の始まり】

□7．共産主義勢力の伸張を防ぐため、アメリカはソ連勢力の「封じ込め」政策（＝⑨　　　　　　　　　　）を宣言し、また、ヨーロッパ経済復興援助計画（＝⑩　　　　　　　　　）を発表した。

□8．資本主義陣営に対し、ソ連は国際共産党組織である（⑪　　　　　　　　　）をつくり、自陣営の引締めをはかった。

□9．東ヨーロッパ諸国では、（⑫　　　　　　　　）という名称のもと、形式上は複数政党制を残しつつも、実際には共産主義政党が独裁体制を確立し、ソ連と同様の政治・経済制度が導入されていった。

□10．ソ連からの圧力を批判した（⑬　　　　　　　　）は、コミンフォルムから除名され、独自の社会主義路線を歩むことになった。

□11．ドイツは、アメリカ・イギリス・フランスに西側を、ソ連に東側を分割占領され、1949年には西側に（⑭　　　　　　　　）、東側に（⑮　　　　　　　　　）がそれぞれ成立し、分断が固定化された。

□12．1949年にソ連は、マーシャル＝プランとブレトン＝ウッズ体制に対抗して、東ヨーロッパ諸国とともに経済相互援助会議（＝⑯　　　　　　　）をつくり、社会主義諸国間だけの経済協力体制を築いた。

【「冷戦」】

□13．第二次世界大戦後の世界は、アメリカ中心の（⑰　　　　　　　　）と、ソ連中心の（⑱　　　　　　　　）にわかれて、対峙することとなった。この対立は、アメリカとソ連との直接の軍事衝突には至らない状態であったため、「（⑲　　　　　）」と呼ばれた。

①
②
③
④
⑤
⑥
⑦
⑧
⑨
⑩
⑪
⑫
⑬
⑭
⑮
⑯
⑰
⑱
⑲

【中華人民共和国の成立】

□ **1.** 日本の降伏によって戦勝国となった中国では、国民政府と共産党の対立が表面化し、1946年には(① _____)が全面的に始まった。当初、アメリカ合衆国の援助を受けた国民党側が優勢であったが、土地改革をおこなって農民の支持を集めた共産党が、支配地域を中国全土に広げた。

□ **2.** 1949年10月、共産党の指導者毛沢東は、北京で(② _____)の成立を宣言した。同年12月、蔣介石の率いる国民政府は(③ ____)に逃れて、そこで中華民国政府を維持した。

□ **3.** (②)は、1950年に(④ _____)を結び、社会主義陣営に属す姿勢を示した。西側諸国は、イギリスを除いて中華人民共和国を承認せず、(③)の中華民国政府を中国の代表とする立場をとった。

【朝鮮戦争】

□ **4.** 朝鮮は、戦後、(⑤ _____)を境に北部をソ連が、南部をアメリカが占領し、1948年には、南に李承晩を大統領とする(⑥ _____)が、北に金日成を首相とする(⑦ _____)が成立した。

□ **5.** 経済・軍事面で優位にあった北朝鮮が、朝鮮の統一をめざして1950年に38度線をこえて南に侵攻し、(⑧ _____)が始まった。アメリカ軍を主力とする国連軍が韓国を、中国の人民義勇軍が北朝鮮を支援し、戦線が(⑤)付近で膠着して、1953年に休戦協定が結ばれた。

□ **6.** (⑧)において北朝鮮を支援した中華人民共和国は、社会主義陣営の一員としてソ連の援助のもとで1953年から第1次(⑨ _____)を実施し、重工業の建設や農業集団化など、社会主義計画経済の建設を急速に進めた。

□ **7.** 台湾を拠点とする(⑩ _____)は、支配領域は小さいものの、西側陣営では中国を代表する正統な政権と認められた。東西対立の最前線の1つとなった台湾では、(⑪ _____)政権のもと戒厳令がしかれた。

【東南アジアの独立】

□ **8.** 第二次世界大戦後、(⑫ _____)はアメリカに再占領されたが、1946年に独立した。

□ **9.** インドネシアは1945年8月17日に独立を宣言し、(⑬ _____)が大統領となった。オランダは武力介入をおこなったが、国際世論の反発をまねき、1949年に独立を認めた。

□ **10.** ビルマは独立を指導した(⑭ _____)の暗殺後、1948年にイギリスから独立し、社会主義を志向した政策をとった。同じくイギリスの支配下にあったマレー半島も、1957年に正式に独立し、マラヤ連邦となった。

□ **11.** フランス領インドシナ連邦のベトナムでは、(⑮ _____)がベトナム独立同盟会(ベトミン)を組織し、1945年9月にベトナム民主共和国の成立を宣言したが、フランスは独立を認めず、1949年にバオダイを元首としたベトナム国を南部に発足させて交戦した(=⑯ _____)。

□ **12.** (⑯)は、1954年に(⑰ _____)が結ばれたが、1955年にはア

①
②
③
④
⑤
⑥
⑦
⑧
⑨
⑩
⑪
⑫
⑬
⑭
⑮
⑯
⑰

メリカの支援でゴ=ディン=ジエムが南部にベトナム共和国を樹立して、北部のベトナム民主共和国に対抗し、ベトナムは南北に分断された。

□**13.** アメリカは、1954年に(⑱_____)を結成し、東南アジアでの共産主義勢力の拡大に対抗した。

□**14.** フランスの支配下にあったカンボジアとラオスは1953年に独立を果たした。カンボジアは、(⑲_____)国王のもとで東西どちらの陣営にも属さない中立政策を進めた。またラオスでは、政治対立から内戦が始まった。

【南アジアの独立】

□**15.** イギリスの植民地であったインドは、独立にあたってパキスタンの分離独立を求める全インド=ムスリム連盟の(⑳_____)と、統一インドを主張する(㉑_____)が対立した。

□**16.** インドは、1947年に(㉒_____)が制定されると、ヒンドゥー教徒が多数を占めたインド連邦と、ムスリムが多数で国土が東西にわかれるパキスタンとに分離して独立した。

□**17.** インド連邦では(㉓_____)が初代首相となり、1950年にはカーストによる差別の禁止を含む憲法を制定して共和国となった。

□**18.** イギリス支配下にあったセイロンは、1948年にイギリス連邦内の自治領として独立し、1972年には新憲法を制定して、(㉔_____)となった。

【イラン民族運動の挫折】

□**19.** イランは第二次世界大戦で中立を宣言したが、イギリス軍とソ連軍が進駐して、親ドイツの国王(㉕_____)は退位した。

□**20.** 戦後、イランでは石油産業を支配するイギリス系石油会社に対する批判が強まり、1951年に首相に就任した(㉖_____)は石油国有化を実現した。

□**21.** 国際石油資本がイラン産の石油をボイコットしたこと、またイギリス・アメリカの支持を受けた国王(㉗_____)のクーデタにより1953年に(㉖)が失脚して、石油国有化を軸としたイランの民族運動は挫折した。

□**22.** (㉗)は国際石油資本と利益を共有しながら権力を強化し、イランは冷戦のなかで、(㉘_____)の支援のもと、中東の軍事大国となった。

【イスラエルの成立とパレスチナ戦争】

□**23.** 第二次世界大戦後、イギリスの委任統治下にあった(㉙_____)では、アラブ人とユダヤ人との対立が激化し、イギリスは問題を国連に付託した。

□**24.** 国連が1947年に(㉙)をユダヤ人国家とアラブ人国家に分割する決議をおこない、翌年イギリスが撤退すると、シオニスト(ユダヤ=ナショナリスト)は、(㉚_____)の建国を宣言し、全世界からユダヤ人移民を受け入れることを表明した。

□**25.** 1948年、パレスチナをめぐり、(㉚)とアラブ諸国とのあいだに(㉛_____)がおこった。勝利した(㉚)は、国連の調停によって独立を確保したが、パレスチナのアラブ人は郷土を追われて難民となった。パレスチナの解放をめざすアラブ諸国と(㉚)とのあいだではその後も戦争が繰り返された。

⑱
⑲
⑳
㉑
㉒
㉓
㉔
㉕
㉖
㉗
㉘
㉙
㉚
㉛

占領下の日本と民主化

【終戦処理と戦犯裁判】

□ 1. 第二次世界大戦後、日本にはアメリカ陸軍の（① ＿＿＿＿＿＿）を最高司令官とする連合国軍最高司令官総司令部（GHQ/SCAP）がおかれ、日本政府を介した（② ＿＿＿＿）のかたちで占領統治がおこなわれた。

□ 2. アメリカ合衆国のワシントンには、極東委員会が設けられ、東京には最高司令官の諮問機関として米・英・ソ・中による（③ ＿＿＿＿）がおかれた。

□ 3. 1945年10月、GHQは日本政府に対して治安維持法や特別高等警察の廃止、共産党員はじめ政治犯の即時釈放を指令し（＝④ ＿＿＿＿）、また、婦人（女性）参政権の付与、労働組合の結成奨励、教育制度の自由主義的改革、秘密警察などの廃止、経済機構の民主化の5つ（＝⑤ ＿＿＿＿）も指令した。

□ 4. 1946年1月に（⑥ ＿＿＿＿）が出され、戦時中に積極的に戦争に協力したとみなされた人々が政界・財界・官界や言論界の指導的地位から追放された。

□ 5. 極東国際軍事裁判（＝⑦ ＿＿＿＿）では、28人の軍人・政治家・国家主義者がA級戦犯として起訴され、全員が有罪となった（3人は病死などで免訴）。

【新憲法制定と民主化】

□ 6. 1945年10月以降、政党の復活・結成があいつぎ、日本共産党も合法化され、（⑧ ＿＿＿＿）が認められた。翌年4月の総選挙では女性議員が39人当選し、5月に日本自由党の（⑨ ＿＿＿＿）内閣が成立し、政党内閣が復活した。

□ 7. GHQが民間の改正試案も参考に国民主権・象徴天皇制・戦争放棄などを盛り込んで作成した憲法改正案をもとに、政府や帝国議会で修正されて（⑩ ＿＿＿＿＿）が成立し、1946年11月3日に公布、翌年5月3日に施行された。

□ 8. 経済機構の民主化としては、まず（⑪ ＿＿＿＿）がおこなわれた。また、巨大独占企業を分割するため（⑫ ＿＿＿＿＿）が制定され、さらに、財閥の再形成を防ぐため、独占禁止法も制定された。

□ 9. 労使関係についての法律としては、1945年に（⑬ ＿＿＿＿）、46年に労働関係調整法、47年に（⑭ ＿＿＿＿）が制定された。

□ 10. 1946年の（⑮ ＿＿＿＿＿）により農地改革が実施され、不在地主の全農地、在村地主の1町歩（北海道は4町歩）をこえる農地が、安価で小作農に売り渡された。

□ 11. 1947年に（⑯ ＿＿＿＿）・学校教育法が制定されるなど、教育の民主化が進められた。学校制度も中学校までを（⑰ ＿＿＿＿）とする小・中・高・大の6・3・3・4制に改められた。

□ 12. （⑱ ＿＿＿＿）が成立して都道府県知事は公選となり、刑法改正で大逆罪や不敬罪が廃止され、民法改正で男女の不平等の是正も進んだ。

【難航する復興】

□ 13. 物資不足や戦後処理のための通貨増発などにより急激なインフレが発生したため、政府は（⑲ ＿＿＿＿＿）を出すなどしてインフレの抑制につとめる一方、鉄鋼・石炭など産業復興に必要な分野に資金と資材を優先的に配分する（⑳ ＿＿＿＿）を導入した。

①
②
③
④
⑤
⑥
⑦
⑧
⑨
⑩
⑪
⑫
⑬
⑭
⑮
⑯
⑰
⑱
⑲
⑳

占領政策の転換と日本の独立

【中道政権の誕生】

□1．1947年、新憲法施行による総選挙で第一党になった日本社会党の(①_____
_____)が中道連立内閣を組織した。その後、同じく中道の芦田均内閣を経て、48
年から54年までは民主自由党(のち自由党)の(②_____)内閣が続いた。

【占領政策の転換と朝鮮戦争】

□2．東西対立が深刻化しつつあった1948年秋、アメリカ合衆国は、日本をアジ
アにおける(③_____)陣営の防波堤とするため、日本の占領政策を民主化
優先から(④_____)優先に転換した。

□3．アメリカは日本経済を早期に再建するために1949年に銀行家ドッジを派
遣した。彼の勧告による超均衡予算と1ドル(⑤____)円の単一為替レートの
設定により日本は国際経済に復帰した(=⑥_____)。

□4．超均衡予算による人員整理で労使が対立していた日本国有鉄道(国鉄)で怪
事件がおきたことを背景に、1950年にはGHQによって共産主義者の公職追
放(=⑦_____)がおこなわれた。

□5．1950年に朝鮮戦争が勃発すると、アメリカ軍が朝鮮半島へ出動すること
により日本国内の治安維持に不安が生じるとして、(⑧_____)が創設され
た。一方、アメリカ軍の軍需品調達により日本は(⑨_____)となった。

【平和条約の締結】

□6．吉田茂首相はアメリカ軍の日本駐留を認めるかたちでの早期講和をアメリ
カに提案した。アメリカは日本に(⑩_____)を強く求めたが、吉田首相は、
国力が回復していないことなどを理由に拒否した。

□7．自由党など保守系の政党は、早期の独立回復のためには西側諸国だけとの
講和でもよいとした(=⑪_____)が、日本共産党や学者の多くは東側諸
国を含むすべての国と講和すべきだとした(=⑫_____)。

□8．(⑬_____)は全面講和の立場であったが、条約批准をめぐり党内対立
が生じ、1951年10月に全面講和の左派と単独講和支持の右派に分裂した。

□9．1951年9月8日、(⑭_____)が結ばれ、日本の独立が
認められた。日本と48カ国が調印したが、ソ連などは調印せず、インドなど
は会議に参加せず、連合国間の対立により中国は会議にまねかれなかった。

□10．(⑭)では、日本の領土はほぼ本土に限られ、小笠原諸島と沖縄はアメリカ
の(⑮_____)となった。

【日米安保条約の締結】

□11．サンフランシスコ平和条約の調印と同じ日、(⑯_____)が締結
された。アメリカは日本に軍隊を駐留させることになり、アメリカ軍駐留の
細目については、(⑰_____)によって定められた。

【占領期の世相と文化】

□12．占領期には、アメリカ映画やジャズ音楽が復活し、占領軍批判以外の言論
が原則自由化されたことで、数多くの雑誌が発刊された。

□13．1949年には、物理学者(⑱_____)が日本初のノーベル賞を受賞した。

①	
②	
③	
④	
⑤	
⑥	
⑦	
⑧	
⑨	
⑩	
⑪	
⑫	
⑬	
⑭	
⑮	
⑯	
⑰	
⑱	

第8章　冷戦と世界経済

第8章　1　　　　　**集団防衛体制と核開発**

【集団防衛体制の構築】

□1．第二次世界大戦の終結後、アメリカ合衆国を中心とする西側陣営（＝①＿＿＿＿＿＿＿＿＿）とソ連を中心とする東側陣営（＝②＿＿＿＿＿＿＿＿＿）は、相手を仮想上の敵とみなし、集団防衛機構を結成して、（③＿＿＿＿）の状態となった。

□2．アメリカは、1949年に西ヨーロッパ諸国とともに（④＿＿＿＿＿＿＿＿＿）を設立した。さらに、1950年代半ばまでに米州機構（OAS）や東南アジア条約機構（SEATO）も結成した。

□3．中東における軍事同盟として（⑤＿＿＿＿＿＿＿＿＿）が結成され、その後イラクが脱退して中央条約機構（CENTO）と改称した。

□4．日本は、1951年にアメリカとのあいだで（⑥＿＿＿＿＿＿＿＿＿）を締結し、西側陣営のなかに組み込まれた。

□5．ソ連は、1955年に東ヨーロッパ諸国とともに（⑦＿＿＿＿＿＿＿＿＿）を結成した。

【核開発競争】

□6．1950年からアメリカ社会では、左翼運動や共産主義者を攻撃する「（⑧＿＿＿＿＿＿＿）」の嵐が吹き荒れた。社会の現状に批判的な人や、このような動きに疑問をいだいただけの人も、しばしば攻撃の対象となり、職場を追われた。

□7．アメリカに続いて、1949年にソ連、1952年にイギリスも原子爆弾（原爆）の開発に成功した。また同年には、アメリカが原爆よりもはるかに強力な（⑨＿＿＿＿＿＿＿）を開発し、翌年にはソ連も実験成功を発表した。

□8．アメリカが太平洋の（⑩＿＿＿＿＿＿）でおこなっていた核実験では、周辺の住民が大量の放射性降下物（「死の灰」）によって被爆した。

□9．1954年に日本のマグロ漁船（⑪＿＿＿＿＿＿）が、ビキニ環礁での水爆実験により被爆した。この事件は、日本で核兵器に対する反対運動が高揚するきっかけとなった。

□10．核兵器開発競争の過熱に危機感をもったアメリカ大統領アイゼンハワーは、ソ連を牽制する目的もあり、国際連合総会で原子力の平和利用を提唱した。これにより、各国で（⑫＿＿＿＿＿＿）の開発が本格化した。

①
②
③
④
⑤
⑥
⑦
⑧
⑨
⑩
⑪
⑫

【戦後アメリカ社会】

□1．1950年代のアメリカ合衆国では、1920年代に始まった都市中間層を中心
とする（①＿＿＿＿＿＿＿）が、いっそう本格的になり、アメリカ社会の基本的
な特徴となっていった。

□2．戦後のアメリカでは、軍需産業が大規模なまま存続し、軍部との癒着_{ゆちゃく}を深
め、政治への発言力も強めた。軍需産業と軍部、それに政府機構の一部が一
体化した「（②＿＿＿＿＿＿）」は、アメリカの政治に影響力をもった。

□3．第二次世界大戦におけるユダヤ人大量虐殺_{ぎゃくさつ}などへの反省から、戦後、世界
的に人権擁護_{ようご}の世論が高まりをみせた。

□4．アメリカでは、根強く残る黒人差別に目が向けられるようになり、1954年
には、学校教育における人種差別を憲法違反とする最高裁判決が出され、の
ちの（③＿＿＿＿＿＿）へとつながっていった。

【ソ連の「雪どけ」】

□5．戦後のソ連では、（④＿＿＿＿＿＿）の独裁体制のもとで重工業の復興が最優
先とされた。

□6．（④）が1953年に死去すると、集団指導体制のもとで緊張緩和_{かんわ}がはかられ、
その一連の変化は「（⑤＿＿＿＿）」と呼ばれた。

□7．「（⑤）」と呼ばれる変化のなかで、外交では朝鮮戦争の停戦やユーゴスラヴ
ィアとの和解が実現した。内政ではスターリンの時代に無実の罪で収容所に
送られていた人々が釈放され、重工業ばかりではなく消費財の生産を重視す
る動きもみられた。

□8．ソ連の共産党第一書記の（⑥＿＿＿＿＿＿）は資本主義諸国との平和共存の
立場を明確にし、1955年にアメリカ・イギリス・フランスの指導者と（⑦＿
＿＿＿＿）で4巨頭会談をおこなった。

□9．1956年に（⑥）がスターリン批判をおこない、同年に（⑧＿＿＿＿＿＿＿）も
解散した。

□10．スターリン批判の動きのなか、（⑨＿＿＿＿＿）のポズナニなどで反ソ暴動
がおこった。（⑩＿＿＿＿＿）では首相のナジがワルシャワ条約機構からの脱
退を打ち出したが、ソ連軍が軍事介入してナジを処刑した。

□11．中国では、（⑪＿＿＿＿）がスターリンと似た独裁体制をしいていたため、ス
ターリン批判によって中ソ関係は悪化した。

□12．ソ連は1957年に人類初の人工衛星（⑫＿＿＿＿＿＿＿）の打ち上げに成
功し、61年には（⑬＿＿＿＿＿）が最初の宇宙飛行を実現した。

□13．1959年にフルシチョフがソ連指導者としてはじめて訪米したが、1960年
にアメリカの偵察機_{ていさつき}がソ連領内で撃墜される事件がおこり、1961年には、東
ドイツ政府が西ベルリンを囲んで「（⑭＿＿＿＿＿）」を築いた。

①
②
③
④
⑤
⑥
⑦
⑧
⑨
⑩
⑪
⑫
⑬
⑭

西ヨーロッパの経済復興

【第二次世界大戦後の西ヨーロッパ】

□1．イギリスでは、1945年の総選挙で（①＿＿＿＿＿）率いる労働党がチャーチル率いる保守党を破り、「（②＿＿＿＿＿＿＿＿＿＿）」というスローガンを掲げて、イギリスが福祉国家として発展するきっかけをつくった。

□2．第二次世界大戦後、フランスでは新たに（③＿＿＿＿＿）が発足した。イタリアでは、ファシズム体制と王政とが緊密な関係をもっていたため、王政への批判が高まり、王政が廃止されて共和政に移行した。

【ヨーロッパ統合の開始】

□3．戦後の西ヨーロッパでは、アメリカのヨーロッパ経済復興援助計画（マーシャル＝プラン）の受け皿として、1948年に（④＿＿＿＿＿＿＿＿＿）が16カ国によりつくられた。

□4．同年には、より積極的な経済協力の試みとして、ベルギー・オランダ・ルクセンブルクによる、（⑤＿＿＿＿＿＿＿＿）が結成された。

□5．1952年、フランス外務大臣シューマンの提案で石炭業・鉄鋼業の共同管理を目的とする（⑥＿＿＿＿＿＿＿＿＿＿）が、フランス・西ドイツ・イタリア・ベルギー・オランダ・ルクセンブルクの6カ国を構成国として発足した。

□6．1958年、（⑥）の6カ国によって（⑦＿＿＿＿＿＿＿＿＿＿）が成立し、同時に、アメリカとソ連に対抗して原子力開発を進めるヨーロッパ原子力共同体（EURATOM）も設立された。

□7．1967年、（⑥）・（⑦）・EURATOMの3つの超国家機構が統一されて、同じ6カ国が参加する（⑧＿＿＿＿＿＿＿）が誕生した。（⑧）では、高度な経済統合が進められた。

□8．西ドイツの経済は、マーシャル＝プランや西ヨーロッパの経済統合により急速に回復し、（⑨＿＿＿＿＿）の長期政権のもとで1950年代末からは「経済の奇跡」と呼ばれるほどの成果をあげた。

□9．超国家機構に政策決定を拘束されることをきらいEECに加わらなかったイギリスは、EECに対抗して、1960年に（⑩＿＿＿＿＿＿＿＿＿）を結成したが、その後方針を転換し、1973年にECに加盟した。

【フランス第五共和政の動き】

□10．フランスでは、1958年に政権に復帰した（⑪＿＿＿＿＿）が、新憲法を制定して大統領が強力な権限をもつ（⑫＿＿＿＿＿）を新たに成立させ、翌1959年には大統領に就任して、アメリカからヨーロッパの自立性を取り戻すことをめざした。

□11．フランスは、ドゴール大統領のもと1960年に原子爆弾の開発を成功させ、1966年にはNATOの軍事部門から脱退した。また、ド＝ゴールは同年モスクワを訪問してソ連との関係改善をはかった。こうした動きは、（⑬＿＿＿＿＿）の先ぶれとなった。

①	
②	
③	
④	
⑤	
⑥	
⑦	
⑧	
⑨	
⑩	
⑪	
⑫	
⑬	

【第三世界の連携】

□**1**．1954年、中華人民共和国の（①＿＿＿＿＿）首相とインドの（②＿＿＿＿＿）首相が会談し、領土保全と主権の尊重、不侵略、内政不干渉（ふかんしょう）、平等と互恵（ごけい）、平和共存の（③＿＿＿＿＿＿）を発表した。

□**2**．1954年のコロンボ会議におけるアジア・アフリカ諸国会議開催の提案や、（③）の発表を受け、翌1955年にはインドネシアのバンドンで（④＿＿＿＿＿＿＿＿）が開催され、29カ国の代表が参加した。

□**3**．（④）では、（③）を発展させ、平和共存・非同盟主義・反植民地主義などをうたった（⑤＿＿＿＿＿）が打ち出された。

□**4**．ソ連と距離をおいて独自の社会主義路線をとるユーゴスラヴィアのティトー大統領らの呼びかけで、1961年に第1回（⑥＿＿＿＿＿＿＿＿）が開催され、核兵器禁止、植民地主義の打破などをめざすことが宣言された。

□**5**．アジア・アフリカ・ラテンアメリカなどの非同盟諸国を総称して「（⑦＿＿＿＿＿）」という。

【印パ戦争と中印国境紛争】

□**6**．藩王はヒンドゥー教徒であるが、住民の多くがムスリムであるカシミール地方の帰属をめぐり、（⑧＿＿＿＿＿＿＿＿＿）が1947～48年（第1次）と65年（第2次）に発生した。

□**7**．言語などの違いから東パキスタンが独立を試みると、インドはこれを支援し、1971年に第3次（⑧）がおこった。インドが勝利した結果、東パキスタンは（⑨＿＿＿＿＿＿）として独立した。

□**8**．インドと中国は、1959年のチベット動乱をめぐり関係が悪化し、62年には（⑩＿＿＿＿＿）地方の国境をめぐる紛争もおこった（中印国境紛争）。

【アフリカ諸国の独立】

□**9**．ほとんどがフランスの支配下にあった北アフリカでは、1951年にリビアが、56年にモロッコとチュニジアが独立した。（⑪＿＿＿＿＿）ではフランス人入植者が独立に抵抗したため、民族解放戦線（FLN）が武装闘争を続け、1962年になって独立を達成した。

□**10**．イギリスの植民地であった西アフリカのガーナは、1957年に（⑫＿＿＿＿＿）を指導者として独立した。

□**11**．1960年には新たに17の独立国がアフリカに誕生したことから、この年は「（⑬＿＿＿＿＿）」と呼ばれる。

□**12**．1963年にはアフリカ諸国首脳会議が開催されて（⑭＿＿＿＿＿＿＿＿）が結成され、アフリカ諸国の連帯と発展、植民地主義の克服（こくふく）をめざすことになった。

□**13**．アフリカでは、かつて列強が人工的に設けた（⑮＿＿＿＿）が様々な民族を分断していたため、独立後の国内で部族対立による内戦やクーデタが繰り返されたり、軍事政権が誕生したりした。

□**14**．コンゴ共和国は1960年に独立したが、銅などの鉱物資源をめぐって旧宗主

①
②
③
④
⑤
⑥
⑦
⑧
⑨
⑩
⑪
⑫
⑬
⑭
⑮

国のベルギーが干渉し、1960〜65年に内戦が生じた(=⑯　　　　　　　)。

【エジプトの台頭と中東戦争】

□15. エジプトでは1952年に(⑰　　　　　)らがエジプト革命をおこし、イギリス軍のスエズ運河地帯からの撤退を実現して、ようやく完全な独立を達成した。

□16. エジプトの(⑰)は積極的中立政策をとなえて、第三世界の有力な指導者となり、国内では(⑱　　　　　　　　)の建設を推進した。

□17. ソ連圏からの武器購入を懸念したアメリカやイギリスが(⑱)建設への融資を撤回すると、エジプトは1956年に(⑲　　　　　)の国有化を宣言した。

□18. エジプトの(⑲)国有化に対して、イギリス・フランス・イスラエルが共同して出兵し、スエズ戦争(=⑳　　　　　　　)(1956〜57年)が始まったが、米ソ二大国と国際世論の圧力で停戦した。

□19. パレスチナ問題をめぐり、1967年には第3次中東戦争がおこった。この戦争は6日間でエジプトの大敗に終わり、(㉑　　　　　　　)がイェルサレムを含むヨルダン川西岸やガザ地区などを占領した。

□20. パレスチナ人のあいだには祖国解放をめざす民族運動が高まり、1960年代から(㉑)に対する武装闘争を率いていたアラファトが、(㉒　　　　　　　)の議長となって運動を指導した。

□21. (㉒)は、第4次中東戦争(1973年)後、しだいに政治的な交渉を重視するようになり、パレスチナ人の代表として(㉓　　　　　)の正式加盟国となり、国際連合のオブザーバー資格も認められた。

【ラテンアメリカ諸国とキューバ革命】

□22. ラテンアメリカ諸国は、第二次世界大戦後もアメリカ合衆国の強い影響下におかれ、1947年には(㉔　　　　　　　)が締結されて、相互の軍事的支援が約束された。

□23. 19世紀から続いていたパン=アメリカ会議が1948年に開催されて、アメリカ合衆国の主導で改組され、(㉕　　　　)の結成が合意された。

□24. グアテマラでは、1951年に左翼政権が誕生して(㉖　　　　)を開始したが、アメリカ合衆国の食品会社の農園も対象としたため、1954年に合衆国の支援を受けた軍部がクーデタをおこし、政権は倒された。

□25. キューバでは、1959年に(㉗　　　　)やゲバラを指導者として革命がおこり、親米的な(㉘　　　　　)政権が倒れた。キューバの革命政権は、アメリカ合衆国の砂糖会社のプランテーションも対象にして(㉖)をおこなった。

□26. アメリカ合衆国は1961年にキューバと断交し、キューバは、社会主義的姿勢を明確にして(㉙　　　)との関係を密接にした。合衆国はキューバに(㉚　　　　　)を実施し、1964年には米州機構加盟国もキューバと断交した。

⑯
⑰
⑱
⑲
⑳
㉑
㉒
㉓
㉔
㉕
㉖
㉗
㉘
㉙
㉚

【日本社会党の統一と保守合同】

□1．吉田茂内閣は1952年の血のメーデー事件をきっかけに、労働運動や社会運動をおさえるため、（① ＿＿＿＿＿＿＿＿＿）を成立させた。

□2．1954年、日本はアメリカ合衆国と（② ＿＿＿＿＿）を締結し、同年7月には陸・海・空の3隊からなる（③ ＿＿＿）を発足させた。

□3．日本社会党・日本共産党などの革新勢力は、（①）の制定や（③）の発足を民主的な改革を否定する「（④ ＿＿＿＿）」としてとらえ、反対運動を展開した。

□4．公職追放の解除で復帰した鳩山一郎・岸信介らは、1954年に自由党を離党して（⑤ ＿＿＿＿＿＿）を結成し、第1次鳩山内閣を成立させた。

□5．左右両派に分裂していた日本社会党が1955年に統一されると、（⑤）と自由党が合流して自由民主党（自民党）が誕生した（＝⑥ ＿＿＿＿＿）。

□6．1955年に成立した、3分の2弱の議席をもつ自民党（保守）と約3分の1の議席をもつ社会党などの革新勢力という保革対立のもとでの保守一党優位の体制を（⑦ ＿＿＿＿＿）と呼ぶ。

□7．自民党（保守勢力）は憲法改正（改憲）と再軍備、あるいは対米依存のもとでの安全保障を追求し、社会党（革新勢力）は（⑧ ＿＿＿＿＿＿）と非武装中立を主張した。

【国際社会への復帰と日ソ国交回復】

□8．日本はサンフランシスコ平和条約締結後も、平和条約に調印していなかった（⑨ ＿＿＿）の拒否権にあって、国際連合には加盟できないでいた。

□9．鳩山内閣は北方領土問題を棚上げし、1956年10月に（⑩ ＿＿＿＿＿＿＿＿）に調印した。その結果、日本の国連加盟が実現した。

【日米安全保障条約の改定】

□10．岸信介首相は、安保条約を改定して日米関係をより対等なものとすることをめざし、1960年1月に渡米して（⑪ ＿＿＿＿＿＿＿＿＿＿＿）などに調印した。

□11．社会・共産の両党や日本労働組合総評議会（総評）などの革新勢力は、（⑪）によって、日本が戦争に巻き込まれる危険性が増大すると主張し、全日本学生自治会総連合（全学連）の学生や一般市民も参加して、安保改定に反対する国民運動が展開された（＝⑫ ＿＿＿＿＿＿＿）。

□12．（⑪）は、衆議院で強行採決され、参議院では反対運動のために議決を経ないまま、自然成立した。

【ベトナム戦争と沖縄返還】

□13．アメリカが1965年に（⑬ ＿＿＿＿＿＿＿＿＿＿）への爆撃（北爆）を開始すると、ベトナム戦争は泥沼化した。日本はアメリカを支援し、沖縄の嘉手納基地も爆撃機の発進基地として使用された。

□14．ベトナム戦争でアメリカ軍は、枯葉剤など新型の化学兵器や、広範囲を焼き尽くすナパーム弾を多用し、南ベトナム解放民族戦線を全滅させようとした。こうしたなかで、世界各地に（⑭ ＿＿＿＿＿＿＿＿）が広がった。

①	
②	
③	
④	
⑤	
⑥	
⑦	
⑧	
⑨	
⑩	
⑪	
⑫	
⑬	
⑭	

□15. 1969年にアメリカ大統領に就任した（⑮　　　　　　）は、ベトナムからの段階的撤兵を国民に公約した。

□16. 佐藤栄作首相は1969年に訪米して（⑮）大統領と会談し、日米安保条約の堅持を確認し、日本政府による「核兵器をもたず、つくらず、もち込ませず」という核政策（＝⑯　　　　　　）の尊重や、1972年の（⑰　　　　）返還などを盛り込んだ共同声明を発表した。

□17. 1971年に（⑰）返還協定が調印され、翌72年に（⑰）は日本に返還されたが、アメリカ軍基地はほとんど減少せず、在日アメリカ軍の専用施設が集中している。

【韓国・中国との国交正常化】

□18. 1965年に佐藤首相は、韓国の朴正煕政権と（⑱　　　　　　　　）を締結し、韓国を朝鮮半島唯一の合法的な政府と認め、国交を正常化した。

□19. 1972年に田中角栄首相は、中華人民共和国の周恩来首相とのあいだで（⑲　　　　　　　　）に調印して両国の戦争状態に終止符を打った。

□20. 日中共同声明で、日本は中華人民共和国が中国唯一の合法政府であることを承認し、これにより、日本と（⑳　　　　）との国交は断絶することになった。

⑮	
⑯	
⑰	
⑱	
⑲	
⑳	

【特需景気から高度経済成長へ】

□**1.** ドッジ=ラインにより深刻な不況におちいっていた日本経済は、1950年に（①＿＿＿＿）が勃発するとアメリカ軍による特需によって活気を取り戻した（特需景気）。

□**2.**（①）休戦後も、日本経済は輸出の好調に支えられ、1955年から57年にかけて「神武景気」と呼ばれる好景気を迎え、1956年度の『経済白書』には「（②＿＿＿＿）」と記された。

□**3.**（③＿＿＿＿）内閣は、10年間で国民総生産を倍増させて完全雇用を実現するという「（④＿＿＿＿）」を閣議決定した。

□**4.** 日本は、1955年から1973年の第1次石油危機に至るまで、高い経済成長をとげた（＝⑤＿＿＿＿）。

□**5.** 1964年には東京で第18回オリンピック競技大会（東京オリンピック）が、1970年には大阪で（⑥＿＿＿＿）が開催された。

【高度経済成長のメカニズム】

□**6.** 高度経済成長期には、民間企業による膨大な（⑦＿＿＿＿）がみられ、「投資が投資を呼ぶ」と表現された。

□**7.** この時期の日本では、生産過程のほか、品質管理や労務管理、流通・販売の分野にまで先進技術が導入され、それらが改良されて、終身雇用・年功賃金・労使協調を特徴とする、「（⑧＿＿＿＿）」が確立した。

□**8.** この時期、日本の産業構造は高度化し、第1次産業の比重が下がり、第2次・第3次産業の比重が高まった。

□**9.** 中東の産油国からの安価な原油の輸入によって石炭から石油へのエネルギー転換（＝⑨＿＿＿＿）が進んだ。

□**10.** 労働生産性の向上、若年層を中心とする労働力不足、「（⑩＿＿＿）」方式による労働運動などにより、労働者の賃金が大幅に上昇した。また、農業生産力の上昇、米価の政策的引上げ、農外所得の増加などにより農家所得も上昇した。

□**11.** 1961年の（⑪＿＿＿＿）で農業の近代化と構造改善がはかられた。一方、米などのわずかな例外を除き、食料の輸入依存が進み、（⑫＿＿＿＿）は低下した。

【国際競争力の強化】

□**12.** 自由貿易体制のもとでの固定為替相場（1ドル＝360円）による安定した国際通貨体制や、安価な資源の輸入に支えられて輸出が急速に拡大し、1960年代以降、日本は大幅な（⑬＿＿＿＿）を実現した。輸出の中心は鉄鋼・船舶・自動車などの重工業製品であった。

□**13.** 日本は、1964年には（⑭＿＿＿＿）に加盟し、経済的には先進国の仲間入りをした。

□**14.** 国際競争力を強化するため、財閥解体で3社に分割された三菱重工業が1964年に再合併し、1970年には八幡製鉄と富士製鉄が合併して新日本製鉄

①
②
③
④
⑤
⑥
⑦
⑧
⑨
⑩
⑪
⑫
⑬
⑭

が創立されるなど、大型合併が進んだ。また、三井・三菱・住友などの都市
銀行が、系列企業への融資を通じて(⑮   )を形成した。

【消費の拡大と流通の変容】

□15. 高度経済成長期には、生活様式や意識の均質化も進み、自分は社会の中間
層に属していると考える(⑯   )をもつ人が国民の8〜9割を占めるよ
うになった。また、核家族化が進んで世帯数が増加した。

□16. 高度経済成長期の前半には、(⑰   )・白黒テレビ・電気冷蔵庫(=
「三種の神器」)が、1960年代後半は、(⑱   )・カラーテレビ・クーラ
ー(=「新三種の神器」ないしは「3C」)が普及した。

□17. 耐久消費財の普及の背景には、大量生産・大量販売体制や(⑲
)の確立があった。

□18. 小売業で(⑳   )が急成長し、1972年には売上高で百貨店
を上まわった。

【社会の変貌】

□19. 1965年の名神高速道路、69年の東名高速道路の開通や、自家用乗用車の
普及により、自動車が交通手段の主役となった(=㉑   )。

□20. 鉄道の電化が全国的に進み、1964年には東京・新大阪間に(㉒
)が開業したが、日本国有鉄道(国鉄)の財政は悪化した。

□21. 社会が大きく変化するなか、食生活の洋風化が進む一方で、米は供給過剰
となり、1970年から(㉓   )が始まった。

□22. 1970年に(㉔   )進学率が82%、短大・大学進学率が24%をこえるなど、
高等教育の大衆化が進んだ。

【高度経済成長のひずみ】

□23. 高度経済成長が進むなか、農村・山村・漁村は(㉕   )によって人口の
高齢化が進み、大都市圏では過密化が進んだ。

□24. 通勤電車など公共交通の混雑、道路交通の渋滞などが深刻な問題となった。
また、交通事故による死者数が急増し、「(㉖   )」と呼ばれた。

□25. 経済成長を優先したため、大気汚染・水質汚濁・騒音などの公害が深刻化
した。1967年に(㉗   )が制定され、71年には環境庁が発足し
た。

□26. 1960年代後半になると、水俣病・四日市ぜんそく・イタイイタイ病・新潟
水俣病をめぐる裁判(=㉘   )が始まり、1973年までに、いずれも
被害者側が勝訴した。

□27. 高度経済成長のひずみが明らかになるなかで、大都市では革新政党が与党
となる(㉙   )が増加し、きびしい公害規制条例の制定や老人医療の
無料化など、環境政策や福祉政策で成果をあげた。

⑮	
⑯	
⑰	
⑱	
⑲	
⑳	
㉑	
㉒	
㉓	
㉔	
㉕	
㉖	
㉗	
㉘	
㉙	

【キューバ危機】

□ 1. キューバ革命後、(① _____)率いる革命政権により農地改革がおこなわれ、土地国有化などの施策が実行されると、アメリカは(①)政権をソ連寄りとみなして敵対視した。

□ 2. (①)政権がキューバ国内のアメリカ企業の国有化に着手すると、アメリカ大統領(② _____)は反政権の勢力を支援し、キューバはソ連に接近した。

□ 3. 1962年にソ連のフルシチョフがキューバの要請で、キューバにミサイル基地の建設を開始すると、(②)は強く反発してアメリカ海軍によりキューバを海上封鎖し、一触即発の状態となった(=③ _____)。

□ 4. (③)が、ぎりぎりのところで回避されたのち、米ソ両首脳の意志疎通を改善するために、両者を直結する通信回線(=④ _____)が敷設された。

【西ドイツの東方外交】

□ 5. 米ソ対立のなか、フランスのド=ゴールのモスクワ訪問などをはじめ、ヨーロッパでは(⑤ _____)をめざす動きが活発化した。

□ 6. 西ドイツではアデナウアーの退陣後、連立政権の外務大臣となった社会民主党のブラントが、「(⑥ _____)」を掲げてルーマニアやチェコスロヴァキアなど東ヨーロッパ諸国との国交樹立を推進した。

□ 7. 1969年に西ドイツの首相となったブラントは「(⑥)」をいっそう本格化し、1972年には東ドイツとの(⑦ _____)に調印した。これにより、翌年に東西ドイツの国際連合への加盟が実現した。

【核軍縮へ】

□ 8. フランスにつづいて、1964年には(⑧ _____)が原子爆弾の実験に成功し、5番目の核保有国となった。

□ 9. 1963年にはアメリカ・イギリス・ソ連の3国間で部分的核実験禁止条約(PTBT)が調印され、1968年にアメリカとソ連がイギリスとともに(⑨ _____)を作成すると、署名国は世界中に広がった。

□ 10. 1972年、アメリカ大統領(⑩ _____)の訪中で米中関係が好転すると、中国と対立するソ連もまた、アメリカとの関係改善に積極的になった。その結果、米ソは弾道ミサイル保有量を制限する協定を締結した。

①
②
③
④
⑤
⑥
⑦
⑧
⑨
⑩

【中ソ対立と中国の混乱】

□**1**．中国はソ連のスターリン批判に反発し、社会主義を急進的に進めようとし、1958年に毛沢東(もうたくとう)の主導で「(①____)」と呼ばれる増産政策を開始した。

□**2**．中国では「(①)」の失敗のあと、急進的な社会主義政策を見直そうとする現実主義的実務派の劉少奇(りゅうしょうき)・(②____)が台頭したが、毛沢東が1966年に「(③____)」を発動して彼らを失脚させた。

□**3**．中国は独力で1964年には原子爆弾、67年には水素爆弾の開発に成功した。中ソ対立のなか、中ソ国境では武力衝突もおこった(＝④____)。

【「プラハの春」とソ連の停滞】

□**4**．1950年代後半から60年代前半に、ソ連ではフルシチョフが(⑤____)を進め、言論統制を緩和(かんわ)した。しかし、農業改革の失敗、中ソ対立やキューバ危機などの外交の混乱が続き、1964年にフルシチョフは失脚して(⑥____)が権力を握った。

□**5**．1968年、チェコスロヴァキアでは「(⑦____)」と呼ばれる改革運動が盛り上がったが、ソ連がワルシャワ条約機構軍により鎮圧(ちんあつ)させた。

【ベトナム戦争】

□**6**．インドシナ戦争ののち、ベトナムでは、北部の(⑧____)と、南部のベトナム共和国(南ベトナム)とが対立した。

□**7**．アメリカの支援を受けた南ベトナムで、1960年に(⑧)と結びついた反政府組織である(⑨____)が結成され、内戦がおきた。

□**8**．アメリカ大統領ジョンソンは、1965年に北ベトナムに空爆(＝⑩____)を開始し、これに対してソ連と中国は、北ベトナムに軍事支援をおこなった。北ベトナム側は密林でゲリラ戦を繰り広げ、アメリカ軍は密林に枯葉剤を散布するなど、ベトナム戦争は一般の民衆を巻き込んで泥沼化した。

【アメリカの動揺】

□**9**．アメリカがベトナム戦争に深入りすると、国内外でベトナム反戦運動が高揚した。また同時期のアメリカ国内では、キング牧師らを指導者として黒人差別に反対する(⑪____)も高まった。

□**10**．1960年代後半には、アメリカや日本、ドイツなどの西側諸国において、戦後生まれのベビーブーマー世代の若者が反戦や反差別など社会改革を求める運動を展開し、(⑫____)も広まった。

□**11**．(⑬____)大統領のもと、アメリカ軍は1973年にようやくベトナムから撤兵し、1975年に北ベトナムの主導によるベトナムの南北統一が実現した。

【米ソの緊張緩和】

□**12**．1971年、アメリカのニクソン大統領が中国訪問を発表し、国際連合の代表権も(⑭____)から中華人民共和国へと移った。

□**13**．中国とアメリカが接近したことはソ連を刺激し、ソ連とアメリカとの関係改善をうながした。また、ヨーロッパで始まっていた(⑮____)も、本格化した。

①
②
③
④
⑤
⑥
⑦
⑧
⑨
⑩
⑪
⑫
⑬
⑭
⑮

世界経済の転換

【ドル=ショック】

□ 1．1971年に、アメリカのニクソン大統領は（① ＿＿＿＿＿＿＿＿）の停止を突然に世界に伝えた（ドル=ショック）。これをきっかけに西側諸国では、（② ＿＿＿＿＿＿＿）が導入され、ブレトン=ウッズ体制は終わりを告げた。

□ 2．ドル=ショック後の資本主義経済は、アメリカ一極集中から、アメリカ・西ヨーロッパ・（③ ＿＿＿）の三極構造にかわっていった。

【経済成長重視の見直し】

□ 3．1950年代から60年代にかけて、各国で大気汚染をはじめとする公害、および公害病が、環境破壊とともに、深刻な社会問題として浮上した。（④ ＿＿＿＿＿＿＿＿＿）にあった日本でも四大公害などが問題となった。

【石油危機】

□ 4．第4次中東戦争に際して、アラブ石油輸出国機構（OAPEC）が石油生産の削減などの石油戦略によって、原油価格が高騰し、西側諸国の経済は大きな打撃を受けた（＝⑤ ＿＿＿＿＿＿＿＿）。

□ 5．（⑤）は、（⑥ ＿＿＿＿＿＿＿）への転換をうながし、コンピュータによるハイテクノロジー（ハイテク）化を加速させた。日本では高度経済成長が終わり、安定成長の時代に向かった。

□ 6．ドル=ショックや石油危機後の世界経済に対応するため、1975年に西側の主要諸国により、（⑦ ＿＿＿＿＿＿）が始まった。

【石油危機後の東西陣営】

□ 7．第二次世界大戦後から1970年代の終わりまで、多くの西側諸国では、手厚い（⑧ ＿＿＿＿＿）をおこなう福祉国家が築かれてきたが、石油危機ののちには、福祉国家の非効率性が問題とされるようになり、1980年代に入ると（⑨ ＿＿＿＿＿＿）への転換が政治の潮流となった。

□ 8．イギリスのサッチャー首相、アメリカの（⑩ ＿＿＿＿＿）大統領、日本の中曽根康弘首相らは、規制緩和や民営化を推進し、公共事業支出を抑制して「小さな政府」の実現をめざした（＝⑪ ＿＿＿＿＿＿）。

□ 9．ソ連で安価な原油・（⑫ ＿＿＿＿＿）が産出されるため、ソ連や東側諸国は石油危機の衝撃を受けなかった。そのため産業構造は旧来のものを維持したままとなり、西側諸国に比べ非効率で遅れたものとなった。

①
②
③
④
⑤
⑥
⑦
⑧
⑨
⑩
⑪
⑫

アジア諸地域の経済発展と市場開放

【開発独裁とアジアの経済発展】

☐1．1960年代後半からアジア諸地域では、（① ＿＿＿＿＿）のもとで経済発展を優先させる政策がとられ、労働集約的な工業製品を先進国に輸出する、輸出指向型工業化が進展した。

☐2．（①）の指導者は、冷戦下において（② ＿＿＿）の姿勢を明確にし、アメリカ合衆国や日本などの西側諸国から、技術の提供や融資、資金援助を受けた。

☐3．アジアにおける輸出指向型工業化は、まず韓国・台湾・香港・シンガポールで進展した。これらの国・地域はブラジルやメキシコなどとあわせ、（③ ＿＿＿＿＿＿＿＿＿＿＿＿）と呼ばれた。

☐4．1967年にはマレーシア・タイ・フィリピン・インドネシアとシンガポールの５カ国が、（④ ＿＿＿＿＿＿＿＿＿＿＿）を結成した。

【1960〜70年代のアジア諸地域】

☐5．韓国では、李承晩大統領が1960年に民主化運動の高まりによって失脚し、1961年の軍事クーデタで（⑤ ＿＿＿＿＿）が政権を掌握して大統領になった。

☐6．韓国の（⑤）大統領は、日本やアメリカからの資金や技術により、財閥企業を中心とした輸出指向型工業化による経済発展を進め、1970年代には製鉄や造船などの重化学工業化が進んだ。

☐7．国民党の一党体制下にあった台湾では、（⑥ ＿＿＿＿＿）・蔣 経国父子の強権的政治のもとで、アメリカの資金援助によって1950年代から輸入代替工業化政策を進め、60年代からは輸出指向型工業化をめざした。

☐8．1965年に華人を中心にマレーシアから分離・独立したシンガポールは、（⑦ ＿＿＿＿＿＿＿）首相の独裁的な政治のもとで工業化を進めた。

☐9．マレーシアは1981年に首相となった（⑧ ＿＿＿＿＿＿）の指導のもと、マレー系住民を中心とした国民統合を推し進め、日本や韓国をモデルとした経済開発政策をとった。

☐10．インドネシアでは、中国との関係を強化する政策をとっていた（⑨ ＿＿＿＿）大統領が1965年に失脚し、その後、軍部を率いた（⑩ ＿＿＿＿＿）が大統領となって工業化をめざした。

☐11．フィリピンでは、1965年に大統領となった（⑪ ＿＿＿＿＿）が独裁的な権力を手にし、アメリカなどからの外資を導入して経済開発政策を展開した。

☐12．タイは1958年に軍人によるクーデタがおこり、（⑫ ＿＿＿＿＿）政のもとで軍事政権が樹立された。反共の姿勢を明確にして独裁的な体制をしき、外資を導入して工業化をめざした。

☐13．中国では、周 恩来と毛沢東が死亡し、文化大革命が終わった。1978年に（⑬ ＿＿＿＿＿）が実権を握り、農業・工業・国防・科学技術の「四つの現代化」などの（⑭ ＿＿＿＿＿）路線を推進した。またこの年に日中平和友好条約が締結された。

【日本の安定成長】

☐14．第１次石油危機により世界経済が停滞し、日本の（⑮ ＿＿＿＿＿＿）も終わ

①
②
③
④
⑤
⑥
⑦
⑧
⑨
⑩
⑪
⑫
⑬
⑭
⑮

ったが、日本経済は比較的早く立ち直り、(⑯　　　　　　)の時代に入った。

□15．この時期に日本企業は、省エネ化や人員削減など「(⑰　　　　　)」につとめ、ME(マイクロ=エレクトロニクス)技術を駆使し、工場やオフィスの自動化(オフィス=オートメーション(OA)化)を進めた。

□16．安定成長の時期には、労働組合は弱体化し、賃金の上昇は生産性上昇率の枠内におさめられ、「サービス残業」や「(⑱　　　　)」が社会問題となった。一方、日本の貿易黒字が拡大し、自動車をめぐる(⑲　　　　　　　　)が深刻となった。

【経済大国へ】

□17．1980年には、世界の国民総生産(GNP)総計に占める日本の割合は約10%に達し、日本は「経済大国」となり、開発途上国に対する(⑳　　　　　　　　　)の供与額も世界最大規模となった。

□18．1980年代半ば以降、アメリカは日本に輸出規制と農産物の市場開放をせまり、日本は1988年に(㉑　　　　　　　　　)の輸入自由化、93年には米市場の部分開放を決定した。

□19．1980年代、アジアNIESのほかASEAN諸国も急速な工業化を達成し、中国も経済成長を軌道に乗せた。日本とアジア・太平洋地域の相互依存関係は着実に深まり、(㉒　　　　　　　　　　　)が発足した。

【プラザ合意からバブル経済へ】

□20．アメリカは、レーガン大統領による高金利・ドル高の「強いアメリカ」路線のもとで財政と国際収支の「(㉓　　　　　　)」が発生し、1985年には債務国となった。

□21．1985年9月、米・日・西独・英・仏5カ国の大蔵大臣(財務大臣)・中央銀行総裁会議(G5)が開かれて為替レートの調整が同意され(=㉔　　　　　)、ドル高・円安から、一挙に円高・ドル安となった。

□22．円高が加速して、輸出産業を中心に円高不況になると、政府・日本銀行が金融緩和と公共事業による景気刺激策をとり、国内の通貨量が増加した。増加した通貨は株式と不動産に投資され、「(㉕　　　　　　)」が発生した。

□23．政府・日本銀行が、金融引締めへの転換、土地投機の抑制をはかると急激に景気が後退し、(㉕)は崩壊に向かった。

【民営化と規制緩和】

□24．1982年に「戦後政治の総決算」を掲げる(㉖　　　　　　)内閣が発足し、日米韓関係の緊密化と防衛費の大幅な増額をはかった。

□25．1980年代には新自由主義的な潮流が世界的に強くなり、日本は(㉖)内閣のもとで、行財政改革を推進し、老人医療や年金などの社会保障を後退させ、電電公社(現、NTT)・専売公社(現、JT)・国鉄(現、JR)を(㉗　　　　　)した。

□26．中曽根内閣は、民営化と規制緩和を進めたが、財政再建のための大型間接税の導入は果たせずに退陣した。つぎの竹下登内閣が、3%の(㉘　　　　　)を実現し、1989(平成元)年度から実施された。

⑯
⑰
⑱
⑲
⑳
㉑
㉒
㉓
㉔
㉕
㉖
㉗
㉘

冷戦の終結と国際情勢

【ソ連の行き詰まり】

□ **1.** 1979年、ソ連は(① _____)の社会主義政権を支えるために、軍事
　　介入をおこなったが、介入は泥沼化した。

□ **2.** 西側諸国は(①)へのソ連の軍事介入を強く非難し、緊張緩和(かんわ)(デタント)は
　　終わりを告げ、東西関係は再び冷え込んだ。アメリカ大統領(② _____)は、
　　人工衛星を使ってソ連の核ミサイルを迎撃する、戦略防衛構想を打ち出した。

□ **3.** アメリカが最新技術を用いた軍事構想を積極的に展開したのに対して、ソ
　　連では軍事のハイテクノロジー化が遅れ、経済成長も停滞していた。ソ連で
　　は1985年に、(③ _____)が新書記長に選出された。

□ **4.** 1986年には、(④ _____)原子力発電所で爆発事故がおこった。こ
　　れは、ソ連の沈滞(ちんたい)を象徴するできごとであった。

【新思考外交】

□ **5.** ゴルバチョフは、アメリカとの軍備拡張競争の負担を軽減することをめざ
　　し、「(⑤ _____)」を掲げて、アメリカとの関係改善に乗り出した。1987
　　年には(⑥ _____)の調印にこぎ着け、翌年にはアフガニスタ
　　ンからのソ連軍の撤退も決めた。

□ **6.** 東ヨーロッパでは、1989年に共産主義政党の一党支配体制の放棄と、社会
　　主義から資本主義への転換が急速に進んだ(=⑦ _____)。ポーランドでは
　　自主管理労働組合「(⑧ _____)」が選挙で躍進して非共産党系政権を誕生させ、
　　東ドイツでは東西を隔てていた「(⑨ _____)」が破壊された。ルーマ
　　ニアでは(⑩ _____)大統領が処刑された。

□ **7.** 1989年末、ゴルバチョフは、レーガンの後継者である(⑪ _____)大統領
　　と地中海のマルタ島沖で会談し、(⑫ _____)の終結を宣言した。

□ **8.** (⑪)大統領と西ドイツのコール首相は粘り強く交渉を進め、1990年10月
　　に東西ドイツが統一された。

【イラン=イスラーム革命】

□ **9.** 1960年代、イランでは国王(⑬ _____)によって、欧米化・近代
　　化政策が進められたが、独裁的な政治手法や、新たに生じた貧富の格差のた
　　めに、民衆の不満がつのった。

□ **10.** 1979年、イランでは(⑭ _____)がイスラーム教にもとづくイラン=イス
　　ラーム共和国を打ちたてた(イラン=イスラーム革命)。

□ **11.** イラクで軍事独裁政権を築いていた(⑮ _____)は、油田地帯の併合をね
　　らい、1980年、イランに戦争をしかけた(イラン=イラク戦争、1988年停戦)。

【湾岸戦争】

□ **12.** 1990年、イラクは隣国のクウェートに戦争をしかけたが、1991年1月に
　　アメリカを中心とする多国籍軍がイラクを攻撃して、短期間でクウェートを
　　解放した(=⑯ _____)。

①
②
③
④
⑤
⑥
⑦
⑧
⑨
⑩
⑪
⑫
⑬
⑭
⑮
⑯

【ソ連崩壊】

□**1**．ゴルバチョフは、内政面では「（① ＿＿＿＿＿＿＿＿＿＿＿）」をスローガンにして、社会主義体制の抜本的な改革に着手した。

□**2**．ソ連では、共産党が改革に消極的であったため、ゴルバチョフは「（② ＿＿＿＿＿＿＿＿＿＿＿）」による言論の自由化を掲げて、広く国民のあいだに改革に向けた議論をおこすことをめざした。

□**3**．資本主義を部分的に導入することで社会主義を刷新しようとするゴルバチョフのねらいは、望ましい成果をあげなかった。経済は混乱し、国民のあいだでは社会主義の放棄と資本主義への転換を求める声が高まっていった。

□**4**．言論統制や国民への監視体制が緩和されるなか、ソ連の連邦制もゆらいだ。かつてソ連に併合された（③ ＿＿＿＿＿＿＿）は、1990年に独立を宣言した。そのほかのソ連内の共和国でも、自主性の強化を求める動きがおこった。

□**5**．ソ連の国際的な発言力の低下や、国内の混乱に危機感を覚えた共産党内の保守派は、1991年8月にクーデタをおこしたが、ロシア共和国大統領（④ ＿＿＿＿＿＿＿）を中心とする市民の抵抗で失敗した。12月には、ソ連を構成するロシア・ウクライナ・ベラルーシの3共和国が、（⑤ ＿＿＿＿＿＿＿＿＿）の創設に合意し、ゴルバチョフがソ連大統領を辞任して、ソ連は崩壊した。

【ユーゴスラヴィア紛争】

□**6**．ソ連の崩壊と並行して、バルカン半島の社会主義連邦国家である（⑥ ＿＿＿＿＿＿＿＿＿）では、民族紛争が激化した。1991年にスロヴェニアと（⑦ ＿＿＿＿＿＿＿）が分離独立すると、セルビアの影響が強いユーゴスラヴィア連邦軍が軍事介入したが、ヨーロッパ共同体（EC）の仲裁で停戦した。

□**7**．セルビア人・クロアティア人・ムスリム人が暮らしていた（⑧ ＿＿＿＿＿＿＿＿＿＿＿）では、民間人への激しい殺戮をともなう内戦がおこった。

□**8**．1996年にはセルビア領内で、（⑨ ＿＿＿＿＿）地区に住むアルバニア系住民と、セルビア政府とが激しく争う事態となった。1999年、北大西洋条約機構（NATO）が（⑨）空爆を実行し、セルビア勢力を追放した。

【経済のグローバル化】

□**9**．冷戦後の世界では国境をこえた人・物・資本の移動の自由化が、めざましい勢いで進展した。（⑩ ＿＿＿＿＿＿＿＿）の実用化が始まったことで、世界を行き交う情報の量も飛躍的に増加し、遠隔地間の交流も容易になった。

□**10**．1993年、（⑪ ＿＿＿＿＿＿＿）条約によって、ECは（⑫ ＿＿＿＿＿＿＿＿）へと発展した。（⑫）は広大な単一市場をもち、1999年には単一通貨である（⑬ ＿＿＿＿＿）を導入した。2004年には東ヨーロッパ8カ国の加盟が実現し、西ヨーロッパだけではなく、ヨーロッパ全体を統合する組織となった。

□**11**．1994年にはアメリカ・カナダ・メキシコのあいだで、（⑭ ＿＿＿＿＿＿＿）が発効した。世界規模の枠組みとしては、関税及び貿易に関する一般協定（GATT）にかえて、通商紛争の調停機能をもつ（⑮ ＿＿＿＿＿＿＿）が、1995年に発足した。

①
②
③
④
⑤
⑥
⑦
⑧
⑨
⑩
⑪
⑫
⑬
⑭
⑮

【ラテンアメリカ】

□1. ラテンアメリカでは、1980年代を中心に(① _____)政権が倒され、民政移管がおこなわれた。

□2. アルゼンチンでは、1982年に(② _____)諸島の領有をめぐってイギリスとの戦争がおこり、敗れた軍事政権が翌年に倒れた。

□3. チリでは1970年に(③ _____)による社会主義政権が樹立されたが、73年にクーデタがおこって軍事政権にかわった。しかし、88年の国民投票で民政移管が決定された。

□4. ベネズエラでは1999年に大統領に就任した(④ _____)が、反米の姿勢を明確にし、社会主義的政策をとった。

【東南アジアとインド】

□5. フィリピンでは、1986年の選挙で不正が明るみになり、民衆運動が高まった結果、独裁的なマルコス大統領にかわって(⑤ _____)が大統領となった。

□6. インドネシアでは、スハルト大統領の独裁政権が続いていたが、1997年の(⑥ _____)で政権への批判が高まると、翌年にスハルト政権は崩壊し、民政に移管した。

□7. 南北統一後のベトナムは、1986年から「(⑦ _____)」(刷新)政策のもと市場開放に向かい、外国企業の進出による工業化で経済成長を実現した。

□8. カンボジアでは、中国の支援で(⑧ _____)が1975年に政権を握り、農業を基盤とする極端に閉鎖的な共産主義を理想とし、都市から農村への強制移住を進め、従わない人々を虐殺した。

□9. ベトナムは反(⑧)派勢力を支援するため、1978年にカンボジアに出兵して(⑧)政権を打倒した。翌年には中国がベトナムに侵攻し、(⑨ _____)がおこった。

□10. 1991年にカンボジアでは国際連合による暫定統治が開始された。1993年の総選挙後には新憲法が採択され、(⑩ _____)を国王とするカンボジア王国が樹立された。

□11. 軍事政権が続いていたビルマでは、1989年に国名が(⑪ _____)と改称された。民主化運動への弾圧がおこなわれていたが、2016年に(⑫ _____)を実質的な指導者とする文民政権が誕生した。

□12. 1966年以来、インドでは国民会議派を中心に政権が担われ、ネルーの娘(⑬ _____)らが首相をつとめて社会主義的な計画経済を進めた。しかし、1990年代になると経済改革が進展し、近年はIT革命の進展やグローバル化の世界的な流れに乗って急速な経済成長を実現している。

【韓国と台湾】

□13. 韓国では、強権的支配を通じ経済発展を推進した(⑭ _____)が1979年に暗殺されたあと、民主化運動が活発化し、80年に民主化を求める市民と軍隊との武力衝突がおこった(=⑮ _____)。

□14. 韓国は、米ソ間の緊張緩和のなかで、ソ連と国交を正常化し、1990年代初

①	
②	
③	
④	
⑤	
⑥	
⑦	
⑧	
⑨	
⑩	
⑪	
⑫	
⑬	
⑭	
⑮	

めには北朝鮮とともに国際連合に加盟し、中国とも国交を樹立した。1992年
以降は文民出身の大統領が続き、98年には、民主化運動の指導者だった(⑯
_____)が大統領に当選した。

□15. 北朝鮮では、金日成(きんにっせい)の死後、政権は息子の(⑰_____)へと受け継がれ、独
自の閉鎖的社会主義体制が維持された。

□16. 台湾では、蔣経国(しょうけいこく)の死後に総統となった(⑱_____)が民主化を推進した。
2000年の選挙では民主進歩党の陳水扁(ちんすいへん)が当選し、国民党に属さない初の総
統となった。

【中国の民主化問題】

□17. 文化大革命終了後、(⑲_____)を中心とする中国共産党指導部は、人民公
社の解体と農業生産の請負制(うけおい)、外資導入など、市場経済化を推進した。

□18. 中国では、改革開放路線のもと、共産党独裁や官僚の汚職に対する批判が
学生・市民のあいだで高まり、1989年、北京で民主化を要求する運動が始ま
ったが、中国政府はこれを武力で弾圧した(=⑳_____)。

□19. (⑳)をめぐって中国に対する国際的な批判が高まったが、共産党政権は一
党支配を守りつつ、対外的には開放路線を継続し、1997年にはイギリスから
の(㉑_____)返還などの成果を得た。

【南アフリカ】

□20. 南アフリカでは第二次世界大戦後、少数派の白人による支配を維持するた
め、多数派である黒人を隔離(かくり)する(㉒_____)政策が導入されていた。

□21. 南アフリカ国内の(㉓_____)の抵抗や、国際的な批判が高まっ
た結果、1980年代末にデクラーク政権は(㉒)政策の見直しを始め、1994年
に平等な選挙権を認めた。その結果、総選挙でアフリカ民族会議が過半数を
制し、(㉔_____)が大統領となった。

⑯	
⑰	
⑱	
⑲	
⑳	
㉑	
㉒	
㉓	
㉔	

地域紛争の激化

【中東の紛争】

□**1.** パレスチナでは、1987年末からイスラエルの占領に抵抗する民衆蜂起（＝
①＿＿＿＿＿＿＿＿＿）が始まった。

□**2.** 湾岸戦争後の1993年、パレスチナ解放機構（PLO）の（②＿＿＿＿＿）議長と
イスラエルの（③＿＿＿＿）首相は、アメリカのクリントン大統領の仲介で相互
承認とパレスチナの暫定自治を中心とする（④＿＿＿＿＿）を結んだが、その
後、主張が対立して2000年に交渉が決裂した。

□**3.** 冷戦の終結後、中東におけるアメリカの覇権は強まったが、パレスチナ問
題は解決されず、湾岸戦争後もアメリカ軍がペルシア湾岸地域に駐留を続け
たため、アメリカの中東政策に対する反感が高まった。こうしたなか、2001
年9月11日にアメリカ本土で（⑤＿＿＿＿＿＿＿＿）がおこった。

□**4.** アメリカのブッシュ政権は、（⑤）をおこしたのはイスラーム過激派組織（⑥
＿＿＿＿＿＿＿）であり、その指導者（⑦＿＿＿＿＿＿＿＿＿＿）はアフ
ガニスタンの（⑧＿＿＿＿＿）政権に保護されているとして、アフガニスタ
ンに軍事攻撃をおこなった。

□**5.** イスラエルは2002年にパレスチナ自治政府をテロ支援国家とみなして軍
事侵攻をおこない、パレスチナ自治区と自国領とを隔てる（⑨＿＿＿＿）の建設
に着手した。

□**6.** 2003年にブッシュ政権は、大量破壊兵器を保有しているとみなしたイラ
クに軍事攻撃をおこなって、（⑩＿＿＿＿）政権を倒したが、大量破壊兵器は
確認されなかった（イラク戦争）。

□**7.**「（⑪＿＿＿＿＿）」が波及したシリアでは、2011年から内戦が始まり、シ
リアとイラクとをまたいで勢力を誇示する「（⑫＿＿＿）」のような過激な武装
組織が出現した。また、500万人以上の人々が国外難民となり、中東諸国の
ほか、EU諸国に渡った。

【アフリカの紛争】

□**8.** アフリカでおこった（⑬＿＿＿＿）内戦では、1994年に少数派の民族が100
日たらずのうちに50万人も虐殺される事態がおこった。

□**9.** 各地の紛争に対して、国際連合は（⑭＿＿＿＿＿＿＿）を展開し、停戦監
視、人道支援などの面で積極的に関与してきた。近年では（⑮＿＿＿＿＿）
が、アフリカの問題をみずから解決するという理念のもと、アフリカの紛争
地域に平和維持部隊を派遣し、紛争解決と平和構築に当たるようになった。

①
②
③
④
⑤
⑥
⑦
⑧
⑨
⑩
⑪
⑫
⑬
⑭
⑮

国際社会のなかの日本

【55年体制の崩壊】

□1.「平成」に入ると、自民党では政治改革をめぐり意見が対立して離党者があいついだ。その結果、自民党は衆議院での議席が過半数を割り、非自民8党派による連立内閣が成立して日本新党の(① _____)が総理大臣となった。ここに(② _____)が崩壊した。

□2. 1994年6月には、日本社会党の(③ _____)を首相とする自民・社会・新党さきがけの連立政権が成立して、社会党は(④ _____)の合憲、(⑤ _____)条約の堅持を承認するなど、従来の政策を転換させた。(③)首相が1996年1月に退陣すると、自民党の橋本龍太郎が連立政権を引き継いだ。

【バブル経済の崩壊】

□3. 日本銀行が、1989年に公定歩合を引き上げて金融引締め政策に転じると、まもなく(⑥ _____)は崩壊した。銀行の貸し渋りもあって企業の設備投資は消極的となり、個人消費も冷え込んで不況が長引いた(=⑦ _____)。

□4. バブル経済崩壊後の日本経済が低迷するなか、金融・流通分野を中心に、市場開放・規制緩和が進められた。1997年には(⑧ _____)が改正されて持株会社の設立が解禁され、金融業界の大規模再編の契機となった。

【国際貢献】

□5. 日本は、1991年1月の(⑨ _____)に際してアメリカから国際貢献をせまられたが、多国籍軍には参加せず、多額の資金援助をおこなった。

□6. 地域紛争に国連平和維持活動(PKO)で対応する動きが国際的に高まり、1992年に(⑩ _____)が成立して、自衛隊の海外派遣が可能となった。また、1997年には日米防衛協力指針(ガイドライン)が改定されて、「日本周辺有事」の際に自衛隊がアメリカ軍の後方支援に当たることになった。

【転換点としての戦後50年】

□7. 1995年、消費税を(⑪ ___)%に引き上げ、医療費の患者負担を増加させるなど社会保障改革を進めたが、個人消費の縮小をまねき、不況は深刻化した。

□8. 1月17日、(⑫ _____)がおこり、6400人以上の死者が出た。

□9. 村山富市首相は、8月15日の終戦記念日に談話を発表し、第二次世界大戦中における日本の植民地支配と侵略について謝罪した(=⑬ _____)。

□10. 9月には、(⑭ ___)でアメリカ軍兵士による少女暴行事件が発生し、アメリカ軍基地の縮小・撤去や、日米安保体制の見直しが叫ばれた。

【21世紀の政治】

□11. 2001年に成立した自民党の(⑮ _____)内閣は、財政赤字の解消と景気の浮揚をめざして大胆な民営化と規制緩和を進めた。

□12. 2009年におこなわれた衆議院議員総選挙では(⑯ ___)党が圧勝し、(⑯)党政権が成立した。しかし、(⑯)党政権は安定せず、2012年12月の衆議院議員総選挙で(⑯)党が大敗すると、自民党と公明党の連立政権が成立し、第2次安倍晋三内閣が誕生した。

①
②
③
④
⑤
⑥
⑦
⑧
⑨
⑩
⑪
⑫
⑬
⑭
⑮
⑯

【グローバル化がもたらす問題】

□ **1**．東西冷戦の時代、西側諸国は社会主義陣営に対抗する意味もあり、社会保障制度を整備し、国民生活を守る(①＿＿＿＿＿)の形成を進めた。

□ **2**．2度の石油危機のあと、財政支出削減や規制緩和を進めようとする(②＿＿＿＿＿＿)が台頭した。この立場をとるイギリスの(③＿＿＿＿＿)政権やアメリカのレーガン政権などの登場で、福祉国家体制は転機を迎えた。

□ **3**．2008年、アメリカの大手融資銀行リーマン＝ブラザーズが、サブプライムローン証券による巨額の負債で経営破綻した(＝④＿＿＿＿＿＿＿)。株価は大暴落し、世界は世界恐慌以来の経済危機に直面した。

【排外主義の台頭】

□ **4**．2010年末から11年にかけてアラブ諸国では、「(⑤＿＿＿＿＿)」と呼ばれる民衆運動がおこった。しかし、多くの国々は安定した社会を築けず、シリアやイラクでは「(⑥＿＿＿)」を称する過激派が活動した。

□ **5**．2014年以降、シリアやアフガニスタン、南スーダンなどからヨーロッパへの難民が急増した。EUは加盟国に難民を割り当てる措置をとったが、各国で反移民・反イスラーム的風潮が高まった。フランスでは移民排斥を訴える国民戦線が人気を高め、(⑦＿＿＿＿＿)は2020年1月にEUから離脱した。

□ **6**．排外主義はヨーロッパだけではなく世界各地に広がっており、アメリカでは2017年1月に「アメリカ＝ファースト」を掲げ、公約でメキシコからの不法移民排斥を訴えた(⑧＿＿＿＿＿)が大統領に就任した。

【人権問題】

□ **7**．2011年に国際連合人権理事会は「人権、性的指向、性自認に関する決議」を採択した。この背景には、多くの同性愛者・両性愛者・トランスジェンダー(＝⑨＿＿＿＿)が各地で人権侵害を受け、身体攻撃の標的にされている事実がある。

【自然環境問題】

□ **8**．現在、世界各国の環境政策に大きな影響を与えている「(⑩＿＿＿＿＿＿)」という考え方がある。「(⑩)」は将来の世代の生活に負担をかけずに現在の世代の幸福を追求することである。

□ **9**．環境問題に対する地球規模での対応を求める声の高まりを受け、1992年にブラジルで国連環境開発会議(＝⑪＿＿＿＿＿＿)が開かれた。

【情報化社会】

□ **10**．現在の世界では、全地球的な規模でリアルタイムに情報を収集・交換できるようになった。インターネット上では、従来の通貨と異なり特定の国家や金融機関が関わらない(⑫＿＿＿＿＿)が流通している。

①
②
③
④
⑤
⑥
⑦
⑧
⑨
⑩
⑪
⑫

【人口減少社会の到来】

□**1**．日本の人口は、2008年には1億2800万人まで増加したが、2045年には
1億人を割って、（①＿＿＿＿＿＿）が急速に進むとされている。

□**2**．少子高齢化は、家族や地域社会の機能を縮小させるばかりでなく、労働人
口の減少によって経済成長を阻害し、税収や保険料の減少をもたらし、国民
生活のセーフティネットともいえる（②＿＿＿＿）制度にも深刻な影響をおよ
ぼすことになる。

□**3**．都市と地方の格差の拡大や、地方の（③＿＿＿）化も進んでいる。これに対し
て、政府は外国人労働者の受入れや「地方創生」などの人口減少社会への取
り組みをおこなっている。

【原子力発電と自然災害】

□**4**．日本では、1974年に田中角栄内閣のもとで成立した（④＿＿＿）三法の公布以
後、原子力発電所の建設が推進されてきた。

□**5**．1995年の高速増殖炉「（⑤＿＿＿＿＿）」の事故や1999年の茨城県東海村の
臨界事故、2011年3月11日の東日本大震災における東京電力（⑥＿＿＿＿＿）原
子力発電所の事故などによって、原子力発電の安全性に対しては、強い懸念
も示されている。

□**6**．現在の日本は、毎年多くの自然災害に見舞われている。東日本大震災のあ
とにも2016年の（⑦＿＿＿）地震や、2018年の北海道胆振東部地震など、震度
7を観測する地震が発生した。

【現在の日本とこれからの日本】

□**7**．海外からの訪日客数は、はじめて1000万人をこえた2013年から連続して
増加し、2018年には3119万人となった。近年、「（⑧＿＿＿＿＿＿＿）」など
日本に対する関心は高まっている。

□**8**．東アジアは北朝鮮の核開発や中国の軍事的台頭に直面しており、2015年に
は日米防衛協力の（⑨＿＿＿＿＿＿＿）が成立するなど、日米の同盟関係は強
化の方向に進んでいる。

□**9**．（⑩＿＿＿）ではアメリカ軍専用施設の多くが復帰後も返還されず、施設をめ
ぐっては騒音・事故などの問題もおきており、県民の不満が残っている。

□**10**．（⑪＿＿＿＿＿）は徹底した平和主義の原則をもっている。こうした理念を
もった国として、国際社会の平和と安全への貢献が求められている。

①
②
③
④
⑤
⑥
⑦
⑧
⑨
⑩
⑪

MEMO

MEMO

MEMO

MEMO

MEMO

歴史総合　要点チェック

2022 年 2 月　初版発行

編　者　歴史総合要点チェック編集委員会

発行者　野澤武史

印刷所　信毎書籍印刷株式会社

製本所　有限会社 穴口製本所

発行所　株式会社 山川出版社

　　　　〒101-0047 東京都千代田区内神田 1-13-13
　　　　電話　03-3293-8131(営業)　03-3293-8135(編集)
　　　　https://www.yamakawa.co.jp/

装　幀　水戸部功

ISBN978-4-634-05803-3　　　　　　　NYIZ0104

歴史総合 要点チェック

解答

p.2 ~p.4

1　アジア諸地域の繁栄と日本

①オスマン帝国
②サファヴィー朝
③ムガル帝国
　　　　　　　（②③順不同）
④スレイマン1世
⑤ウィーン
⑥カピチュレーション
⑦シーア
⑧イスファハーン
⑨ガージャール
⑩綿織物
⑪アクバル
⑫ジズヤ(人頭税)
⑬アウラングゼーブ
⑭アジア域内貿易
⑮香辛料
⑯銀
⑰朝貢
⑱鄭和
⑲倭寇
⑳ポルトガル人
㉑豊臣秀吉
㉒文禄・慶長の役
㉓科挙
㉔辮髪
㉕広州
㉖トウモロコシ
㉗サツマイモ
　　　　　　　（㉖㉗順不同）
㉘白蓮教徒の乱
㉙徳川家康
㉚幕藩体制
㉛宗氏
㉜参勤交代
㉝長崎
㉞宗門改め
㉟俵物(海産物)
㊱三都
㊲菜種
㊳蔵屋敷
㊴一揆
㊵琉球王国
㊶アイヌ

p.5 ~p.6

2　ヨーロッパにおける主権国家体制の形成とヨーロッパ人の海外進出

①銀
②宗教改革
③神聖ローマ帝国
④中央集権化
⑤主権国家体制
⑥領邦国家
⑦ルイ14世
⑧ピューリタン革命
⑨名誉革命
⑩立憲君主政
⑪議院内閣制
⑫共和政
⑬清
⑭プロテスタント
⑮聖職者
⑯イエズス会
⑰科学革命
⑱オスマン帝国
⑲マルコ=ポーロ
⑳世界の一体化
㉑スペイン人
㉒プランテーション
㉓伝染病
㉔奴隷
㉕ジャガイモ
㉖砂糖
㉗市場
㉘ムスリム商人
㉙茶
㉚陶磁器
　　　　　　　（㉙㉚順不同）

p.7 ~p.8

1　ヨーロッパ経済の動向と産業革命

①大航海時代
②イギリス
③重商主義
④産業革命
⑤綿織物
⑥奴隷
⑦三角貿易
⑧石炭

⑨蒸気機関
⑩綿工業
⑪資本家
⑫労働者
⑬綿花
⑭世界の工場
⑮工業化
⑯公害
⑰軍事革命
⑱船
⑲鉄道
⑳地下鉄
㉑電信
㉒大西洋
㉓交通革命
㉔通信革命

p.9 ~p.10

2　アメリカ独立革命とフランス革命

①七年戦争
②茶
③アヘン
④フランス
⑤プランテーション
⑥印紙法
⑦ボストン茶会事件
⑧大陸会議
⑨ワシントン
⑩独立宣言
⑪アメリカ合衆国
⑫幸福の追求
⑬三権分立
⑭連邦制
⑮ルイ16世
⑯三部会
⑰バスティーユ牢獄の襲撃
⑱人権宣言
⑲世界市民主義
⑳(第一)共和政
㉑徴兵制
㉒恐怖政治
㉓ナポレオン=ボナパルト
㉔(第一)帝政
㉕民法典
㉖大陸封鎖令
㉗ワーテルローの戦い

p.11 ~p.12

3　19世紀前半のヨーロッパ

①ウィーン体制

②ウィーン会議
③憲法
④自由主義
⑤七月革命
⑥民主主義
⑦国民主義
⑧民族主義
⑨ナショナリズム
⑩国民国家
⑪ギリシア独立運動
⑫諸国民の春
⑬フランクフルト国民議会
　（全ドイツ議会）
⑭二月革命
⑮(第二)共和政
⑯男性普通
⑰ナポレオン3世
⑱自由貿易体制
⑲資本家
⑳資本主義
㉑社会主義
㉒マルクス
㉓共産党宣言

p.13 ~p.14

4　19世紀後半のヨーロッパ

①クリミア戦争
②パリ条約
③国民国家
④パクス=ブリタニカ(イギリスの平和)
⑤第1回万国博覧会
⑥二大政党制
⑦ナポレオン3世
⑧プロイセン=フランス(普仏)戦争
⑨第三共和政
⑩パリ=コミューン
⑪王党派
⑫サルデーニャ
⑬カヴール
⑭ガリバルディ
⑮ビスマルク
⑯プロイセン=オーストリア(普墺)戦争
⑰ヴィルヘルム1世
⑱連邦
⑲文化闘争
⑳社会保険制度
㉑ビスマルク外交
㉒三帝同盟

㉓三国同盟
㉔サン＝ステファノ条約
㉕ベルリン条約
㉖アレクサンドル２世
㉗第１インターナショナル
㉘赤十字条約
㉙功利主義
㉚ヘーゲル
㉛ランケ
㉜マルクス
㉝ダーウィン
㉞レントゲン

p.15

5　19世紀の
アメリカ大陸

①アフリカ
②奴隷貿易
③クリオーリョ
④重商主義
⑤ナポレオン
⑥ボリバル
⑦モンロー宣言
⑧フランス
⑨カリフォルニア
⑩強制移住
⑪アメリカ＝イギリス戦争
⑫綿花
⑬リンカン
⑭アメリカ連合国
⑮奴隷解放宣言
⑯大陸横断鉄道

p.16 ~p.17

6　西アジアの変容と
南アジア・東南ア
ジアの植民地化

①東方問題
②ムハンマド＝アリー
③徴兵制
④スエズ運河
⑤ウラービー
⑥タンジマート
⑦オスマン帝国憲法（ミドハト憲法）
⑧アブデュルハミト２世
⑨アフガーニー
⑩パン＝イスラーム主義
⑪東インド会社
⑫綿織物
⑬アヘン
⑭シパーヒー

⑮ヴィクトリア女王
⑯強制栽培制度
⑰海峡植民地
⑱フィリピン
⑲プランテーション
⑳阮朝
㉑黒旗軍
㉒天津条約
㉓フランス領インドシナ連邦
㉔チュラロンコン（ラーマ５世）

p.18 ~p.20

7　中国の開港と
日本の開国

①広州
②三角貿易
③銀
④林則徐
⑤アヘン戦争
⑥南京条約
⑦香港島
⑧最恵国待遇
⑨租界
⑩北京条約
⑪アイグン条約
⑫沿海州
⑬洪秀全
⑭太平天国
⑮曽国藩
⑯李鴻章
⑰郷勇
⑱洋務運動
⑲中体西用
⑳総理各国事務衙門（総理衙門）
㉑大院君
㉒ラクスマン
㉓レザノフ
㉔異国船打払令（無二念打払令）
㉕天保の薪水給与令
㉖ペリー
㉗阿部正弘
㉘日米和親条約
㉙最恵国待遇
㉚反射炉
㉛蕃書調所
㉜琉米条約
㉝ハリス
㉞日米修好通商条約

㉟領事裁判権
㊱安政の大獄
㊲公武合体
㊳尊王攘夷
㊴攘夷
㊵生麦事件
㊶禁門の変
㊷第１次長州征討
㊸高杉晋作
㊹西郷隆盛
㊺薩長同盟
㊻生糸
㊼批准書

第3章

p.21

1　明治維新と諸改革

①大政奉還
②王政復古
③徳川慶喜
④戊辰戦争
⑤フランス
⑥五箇条の誓文
⑦キリスト教
⑧版籍奉還
⑨知藩事
⑩廃藩置県
⑪秩禄
⑫四民平等
⑬徴兵令
⑭金禄公債証書
⑮新貨条例
⑯国立銀行条例
⑰地租改正
⑱2.5
⑲学制
⑳文明開化

p.22

2　明治初期の
対外関係

①お雇い外国人
②富岡製糸場
③岩倉使節団
④樺太（サハリン）
⑤アイヌ
⑥開拓使
⑦屯田兵制度
⑧樺太・千島交換条約
⑨北海道旧土人保護法

⑩日清修好条規
⑪尚泰
⑫征韓論
⑬明治六年の政変（征韓論政変）
⑭台湾出兵
⑮琉球処分
⑯日朝修好条規（江華条約）

p.23

3　自由民権運動と
立憲体制

①民撰議院設立
②漸次立憲政体樹立
③新聞紙条例
④西南戦争
⑤集会条例
⑥自由党
⑦明治十四年の政変
⑧インフレーション（インフレ、物価上昇）
⑨デフレーション（デフレ、物価下落、松方デフレ）
⑩秩父事件
⑪伊藤博文
⑫欧化政策
⑬三大事件建白運動
⑭大日本帝国憲法
⑮欽定憲法
⑯15
⑰民力休養
⑱民法

第4章

p.24

1　条約改正と
日清戦争

①日朝修好条規
②壬午軍乱（壬午事変）
③甲申事変（甲申政変）
④天津条約
⑤脱亜論
⑥利益線
⑦シベリア
⑧大津
⑨陸奥宗光
⑩日英通商航海条約
⑪甲午農民戦争（東学の乱）
⑫下関条約
⑬台湾

7

歴史総合（れきしそうごう）　要点（ようてん）チェック　解答（かいとう）

2022年2月　初版発行

編　者　歴史総合要点チェック（れきしそうごうようてん）編（へん）集委員会（しゅういいんかい）

発行者　野澤武史

印刷所　信毎書籍印刷株式会社

製本所　有限会社 穴口製本所

発行所　株式会社 山川出版社

　　　　〒101-0047 東京都千代田区内神田1-13-13
　　　　電話　03-3293-8131(営業)　03-3293-8135(編集)
　　　　https://www.yamakawa.co.jp/

ISBN978-4-634-05803-3　　　　　　　NYIZ0104

●造本には十分注意しておりますが、万一、落丁・乱丁などがございましたら、
営業部宛にお送りください。送料小社負担にてお取り替えいたします。